MARTIN SCHERER

HINGABE

ZU KLAMPEN

Reihe zu Klampen Essay
Herausgegeben von
Anne Hamilton

Martin Scherer,
1966 in München geboren,
studierte Philosophie, Psychologie und Alte Geschichte. Nach der Promotion arbeitete er im Journalismus, unter anderem als Kulturredakteur beim Magazin »Focus«. Von dort wechselte er in die Buchbranche und ist seit 2010 als Verlagsleiter tätig. Zuletzt ist von ihm erschienen »Der Gentleman. Plädoyer für eine Lebenskunst«.

MARTIN SCHERER

Hingabe

Versuch über die Verschwendung

zu Klampen ESSAY

Für Malva

Inhalt

Prolog · 7

Kassandras toter Winkel · 13

Narren der Liebe · 25

Kraft der Schwäche · 43

Entblößung · 63

Ewigkeit auf Zeit · 81

Literaturhinweise · 99

Prolog

WARUM Hingabe?

Gilt die Frage dem Beweggrund für diese Schrift, so fällt das Antworten noch leicht. Der Reiz des Themas liegt in seiner Herausforderung. Hingabe scheint als Wort vertraut und wohlklingend dazu. Gefühle wie Rührung oder Bewunderung schwingen mit, wenn jemand als hingebungsvoll beschrieben wird. Aber was ist damit eigentlich gemeint? Sogleich wird klar: Die Hingabe zählt zu jenen bekannten unbekannten Phänomenen, die zwar Assoziationen wecken, sonst aber im Halbdunkel bleiben. Also etwas mehr Licht.

Das Wort mag für manche altmodisch klingen. Zeugnisse von Hingabe jedoch sind keineswegs nur antiquarisch zu beziehen. Die Zeiten für große und folgenschwere Leidenschaften sind wohl nie vorbei. Gewisse Menschen werden immer ihre Passionen kompromisslos ausleben, und wenn es sein muss sogar bis zur Entfremdung von allen Normen und Tabus. Ihrem Temperament folgend haben sie es aufgegeben, unbeschadet in den Verhaltensmustern einer nüchternen und unterkühlten Realität ankommen zu können. Sie leben deshalb in eine andere Richtung.

Zielt die Warum-Frage jedoch auf die Ursachen, welche Hingabe bewirken, dann entsteht fast zwangsläufig eine Verlegenheit. Dieses Phänomen lässt sich sehr wohl beschreiben, aber mitnichten erklären oder herleiten. Da ist kein Schaltplan, der Motive für Gesten und Taten der Hingabe mechanisch und umfänglich abbilden könnte. Überall bleiben Einzelfälle und, ja auch, Rätsel übrig. Sie verlangen nach Beobachtung und Beschreibung statt nach einer wie auch immer methodisch gearteten Analyse. Wenn man von der Hingabe erzählen will, sind Herleitung, Einteilung und Kategorie allenfalls Nebenwerte.

In der Sprache der klassischen Metaphysik könnte die Hingabe als *causa sui* gelten, als ein Ereignis, welches seinen Grund einzig und allein in sich selbst hat. Ihr geht weder ein äußerlicher Auslöser noch eine Willensentscheidung voraus. Es wird also darauf zu achten sein, wie Hingabe sich zeigt. Auf bewertende Vergleiche sei von vornherein ganz verzichtet: eine stärkere oder schwächere Hingabe wird ebenso wenig zu bemessen sein wie eine Klassifikation jener Objekte, denen sie gilt, Sinn ergibt. Jeder Akt der Hingabe spricht für sich.

Der Rest ist trotzdem nicht Schweigen. Dafür ist die Suche nach Ähnlichkeiten zwischen Menschen, die eine bestimmte Form der Selbstvergessenheit an den Tag legen, einfach zu reizvoll. Und es scheint auch so etwas zu geben wie ein Grundmuster, welches den verschiedenen Spielarten und Ausformungen der Hingabe eingewoben ist.

Hingabe, so wird der Refrain dieses Essays lauten, bedeutet Verschwendung und Selbstentblößung.

Mit der Hingabe verwandelt sich der Mensch schlagartig in einen Liebhaber. Die erste Assoziation gilt natürlich der Erotik. Aber Hingabe muss nicht nur geschlechtlich konnotiert sein, ihre Objekte erscheinen ebenso mannigfach wie ihre Ausdrucksformen. Wir sehen Hingabe an einen Partner oder an ein Kind, aber auch an Kunst oder Wissenschaft. Es braucht nur immer diese eine paradoxe Stärke: für etwas schwach werden zu können.

Wer sich hingibt, verschwendet sich. Selbsterhaltung, Stolz, Souveränität, alle diese Ansprüche scheinen dann außer Dienst gestellt. Insofern wagt, wer sich mit dem Phänomen Hingabe beschäftigt, immer auch einen Versuch über die Verschwendung. Dabei darf der Hinweis nicht fehlen, dass dieser Ausdruck eher affirmativ, keineswegs aber kritisch gemeint sein soll. Verschwendung wird im Sinne der Verausgabung, des durchaus charmanten Kontrollverlustes in Sachen Profit und Eigennutz verstanden. Wer jemals fünf Stunden in der Küche stand, um etwas zu erschaffen, was später binnen Minuten von allen Tellern verschwunden sein wird, weiß intuitiv um Glanz und Würde eines langen Vorspiels. Mit der Hingabe nimmt sich der Mensch eine Auszeit vom ökonomischen Bewusstsein – und die Welt kann sich, für Augenblicke wenigstens, von ihrer Verdinglichung erholen.

Tatorte für dieses abweichende Verhalten gibt es offenbar viele. Digitale Suchmaschinen spüren Hingabe als Zauberwort esoterischer Zirkel auf. Aber auch eine Szene, welche körperliche Liebe als mehr oder minder schmerzhaftes Machtspiel praktiziert, scheint diesem Begriff durchaus verbunden. Ein anderes Beispiel führt von den Randgebieten des mehrheitsfähigen Geschmacks in die Mitte des allseits Beliebten. So basieren alle Krimis in gewisser Weise auf dem Prinzip Hingabe. Die Protagonisten, üblicherweise der Detektiv oder das beliebte Duo vom Kommissariat, widmen sich dem einen Fall, riskieren dafür oft und anscheinend auch bereitwillig ihr Leben, geben alles bis in die tiefe Nacht für des Rätsels Lösung, ganz zu schweigen von den Konflikten mit starrsinnigen Vorgesetzten, die nur zu gerne belehren, blockieren und ausbremsen. Eine Mission im Zeitraffer. Leser und Zuschauer lassen sich von dieser Fiktion nur zu gerne faszinieren. Als hätte jeder Polizist diese endlose Zeit ausschließlich für das eine Verbrechen, dem er sich mit Scharfsinn, Geduld und Leidenschaft widmen könnte. Keine Ruhe bis zur endgültigen Aufklärung. Wir ahnen, dass der Alltag multipler Sachbearbeitung im Schichtdienst anders aussehen muss. Aber Hingabe macht jede Geschichte zu einer größeren.

Enzyklopädische Begabungen könnten irgendwann Zeugnisse von Hingabe aus verschiedenen Epochen und Kulturkreisen zusammentragen und zu einer Art Kulturgeschichte der Selbstlosigkeit verarbeiten. Für diese Mammutaufgabe trägt diese kleine Schrift allenfalls das Vorwort zur Präambel bei. Wohl finden sich einige Schlaglichter zurück in die Historie, dazu Fundstücke aus Literatur, Kunst und Film. Das alles aber versteht sich, um noch einmal das Krimi-Genre zu bemühen, nur als erste und hoffentlich auch schon heiße Spur. Es geht um die Rekonstruktion eines mitunter manischen Eigensinns, der jeder kollektiven Identität zuwiderlaufen muss. Sympathisch könnte daran jene arglose Weltfremdheit anmuten, welche sich ganz von ihrer Passion bestimmen lässt und dem meisten anderen gegenüber extrem vergesslich ist. Ohne Zweifel, Hingabe ist abgehoben – vom Gewöhnlichen und Konventionellen ebenso wie vom Zaghaften und Leidenschaftslosen. Sie kann sich auch nicht abnutzen, da sie ohnehin keinem Nutzwert unterliegt.

Um hier schon einigem vorzugreifen und eine kleine Thesen-Kette zu knüpfen: Hingabe bedeutet Absehen von Absicht; sie verlangt Maßlosigkeit bei der Verschwendung von Aufmerksamkeit, Kraft und Zeit.

Hingabe kann nur transitiv sein. Das wiederum unterscheidet sie von der Liebe, die auch als Selbstliebe sich offenbaren kann. Aber *Selbsthingabe*? Das wäre absurd.

Hingabe ist keine Befindlichkeit, kein inneres Brodeln, sie ist nur als Tat, als Vollzug beschreibbar. Und sie steht als gar nicht flüchtig erlebter Zustand für das Gegenteil von Schwärmerei, Gefühlsstau oder Ergriffenheit.

Der hingebungsvolle Mensch hält, indem er jegliche Distanz zu seinem Liebesding beseitigt, den

Rest der Welt auf Distanz. Hingabe geschieht in einer eigenen Sphäre. Was sie an die Umwelt ausstrahlt, zeugt von reiner Anarchie.

Hingabe bedeutet Abhängigkeit und Unabhängigkeit zugleich. Ihr geht keine Entscheidung voraus, auch keine Abwägung von Für und Wider. Uns hingebend vergessen und verlieren wir uns vielleicht sogar, aber wir gewinnen uns doch gleichsam als aufgeladenes Erlebnisbündel zurück. Der Mensch in der Hingabe erfährt so etwas wie reine Gegenwart. Die mystische Weltliteratur weiß nur zu gut um diese Epiphanie.

Nur noch ein Wort zur nicht vorhandenen Methode: Die hier praktizierte Art und Weise dieses Thema zu verhandeln, könnte man philosophisch nennen – wenn Philosophie denn heißt, die Dinge gründlicher *nicht* zu verstehen.

Kassandras toter Winkel

DIE ersten Nachrufe beweisen noch kein Ableben. Das lässt hoffen für die Liebe. Aber auch für all ihre Begleiterscheinungen, Facetten und Spielarten.

Das Theater kennt den Einsatz der Mauerschau. Von oben herab schildert ein Beobachter dramatische Geschehnisse, die dem direkten Sichtfeld des Publikums verborgen bleiben. Oftmals ist es die Drohkulisse einer herannahenden feindlichen Heerschar, die bei den gebannt Lauschenden für Unbehagen sorgen soll. An dieses Stilmittel mag sich erinnert fühlen, wer aktuelle Beschreibungen der Gesellschaft studiert. Es scheinen böse Mächte am Werk, die gerade eine Urfähigkeit des Menschen auslöschen. Unüberhörbar beklagen diverse Zeitkritiken das Verschwinden von Leidenschaft, Eros und Intimität. All das aber sind Beinamen der Liebe, und eben diese soll vom Aussterben bedroht sein. Die Soziologin Eva Illouz, der Publizist Sven Hillenkamp, die Philosophen Peter Trawny und Byung-Chul Han scheinen einig in der Diagnose, die letzterer wie folgt pointiert: »Die vom Können beherrschte Leistungsgesellschaft, in der alles möglich, alles Initiative und Projekt ist, hat keinen Zugang zu Liebe als Verletzung und Passion.«[1]

---

1 Byung-Chul Han, Agonie des Eros. Berlin 2017, S. 35. Vgl. zum folgenden auch Peter Trawny, Ins Wasser geschrieben. Philo-

Leben wir Heutigen also in Zeiten, die sich von aller Leidenschaftlichkeit entfremdet haben? Reduziert sich die reale Ordnung auf Nutzen, Taktik, Kalkül und Vorteilssucht? Schenkt man den Diagnosen etwa der Genannten Glauben, so erleben wir gerade eine Art psychosoziale Zeitenwende. Unsere Emotionen, eigentlich eine Sphäre verlässlicher Unberechenbarkeit, scheinen plötzlich in den Fängen der Krake Kapitalismus. Lust reimt sich auf Gewinn. Das vormals innerste Bedürfnis, die Suche nach Glück und Erfüllung im Anderen, schrumpft auf die Unverbindlichkeit eines *Matching*. Das Bett ist nur noch eine Börse.

Für diesen Befund spricht zugegeben einiges. Es scheint, als sei die Liebe tatsächlich nur das Licht eines erloschenen Sterns. Eva Illouz, die wohl bekannteste und einflussreichste Vermesserin der gegenwärtigen Liebeslebensverhältnisse, sieht nicht nur unser Handeln und Bewusstsein den Gesetzen der Marktwirtschaft unterworfen, sondern auch unser Sehnen und Fühlen. So luzide ihre Analysen zum Einfluss von Ökonomie und Massenmedien auf die emotionale Biographie ausfallen, so vehement kritisiert sie die manipulativen Absichten hinter den vielfältigen Offerten und Produkten der Psycho-Industrie. Romantik und Begehren waren

---

sophische Versuche über die Intimität. Berlin 2013. S. 50 ff. sowie Sven Hillenkamp, Das Ende der Liebe. Gefühle im Zeitalter der Freiheit. München 2012.

gestern, heute regiert auf den digitalen Liebes- und Sexualmärkten das freie Spiel von Angebot und Nachfrage.[2] Die Zeitgenossen quält dementsprechend die chronische Unsicherheit ob des je eigenen Marktwertes. Kein Werther mehr, nirgends. Stattdessen Bluffer und Profiloptimierer zuhauf. Die Kolumbusfahrt zur großen Liebe fällt wegen kompletter Windstille aus.

In dieses Panorama passen auch bizarre Phänomene auf dem Feld der Partnersuche. Zum Beispiel jene Veranstaltung, die eine der Feingeistigkeit unverdächtige Psychologin ersann und gegenwärtig äußerst erfolgreich in singlereichen Großstädten exerziert. Die *Matching-Party* basiert auf einer dubiosen Typenlehre. Ein sogenannter extrovertierter, konkreter, organisierter Fühlentscheider etwa erhält einen Button in einer bestimmten Farbe, um dann Ausschau nach einer gleichfarbig geschmückten Maid zu halten. Das Axiom dahinter, so lässt die Veranstalterin wissen, lautet: Jeder ist beziehungs-

---

2 »Das Internet strukturiert die Suche nach einem Partner buchstäblich als einen Markt oder, genauer, es formalisiert die Suche nach einem Partner im Sinne einer ökonomischen Transaktion. Es verwandelt das Selbst in ein verpacktes Produkt, das mit anderen auf einem offenen Markt konkurriert, der nur durch das Gesetz von Angebot und Nachfrage reguliert wird.« (Eva Illouz, Gefühle in Zeiten des Kapitalismus. Frankfurt am Main, 6. Auflage 2016. S.132). In diesem Sinne äußert sich auch eine vielbeachtete Stimme der neomarxistischen Philosophie: vgl. Alain Badiou (mit Nicolas Truong), Lob der Liebe, 2. überarbeitete Auflage. Wien 2015, S. 18.

fähig, am besten allerdings mit so ähnlich wie nur möglich strukturierten Menschen.

Als wäre irgendwer nicht trostloser als niemand.

Nichts könnte, was Denkgewohnheiten anbelangt, verräterischer sein als die Sprache. Allein das Wort *Beziehung,* aus dem Begriffsbaukasten des Funktionalismus stammend, leugnet jede Passion, ignoriert jede Tragik und schockfrostet mit seiner schnoddrigen Kälte. Beziehungen hat man, führt man, beendet man. Es passt oder eben nicht. Diese Redensart scheint symptomatisch für das »Zeitalter der allgemeinen Ernüchterung« (Peter Trawny). Dem gegenseitigen Taxieren scheinen immer weniger Grenzen gesetzt. Künftig könnte sich das Matching sogar im Genlabor abspielen, sollte irgendwann die Qualität bestimmter Erbanlagen transparent und zur gegenseitigen Begutachtung vorliegen. Besonders Risikoscheue unter den Beziehungswilligen dürften dankbar das biologische Apriori potentieller Partner einfordern.

Apropos Ernüchterung: Gibt es ein markanteres Indiz für den Mangel an Sinnlichkeit als die permanente Rede in der ersten Person? Die Ich-Form des Bewertens, Bekennens und Bekundens verrät etwas Wesentliches im gegenwärtig dominanten Sprachspiel. Es scheint, als gäbe der Geschmack den Geist auf. Einen gebildeten Menschen, aber auch einen erotisch anspruchsvollen wird man immer daran erkennen, dass er das Wort Ich tunlichst vermeidet. Ebenso wird er wenigstens ein kurzes

Unbehagen empfinden, wenn er wieder einmal *Sie lieben sich* anstatt des grammatikalisch korrekten *Sie lieben einander* hört. Diese Unterscheidung scheint in der Alltagssprache nahezu vergessen. Hellhörige könnten indes auch hier einen weiteren Sieg der Selbstbezogenheit ausmachen.

Hinterlässt der Kapitalismus also toxische Spuren in der Lebenswelt? Hat er den Menschen derart zum Konsumenten deformiert, dass dieser sich nur noch als Marke wahrnehmen, inszenieren und schließlich verkaufen kann? Entsprechend wäre die Welt nur ein riesiges Regal, angefüllt mit Waren; der Affekt würde nur noch der ureigenen Bedürfnisbefriedigung gelten, das Ego wäre unberechenbarer Alleinherrscher. In diesem Sinne heißt es bei Byung-Chul Han: »Alles wird eingeebnet zum Objekt der Konsumtion. Wir leben heute in einer Gesellschaft, die zunehmend narzisstischer wird. Die Libido wird primär in die eigene Subjektivität investiert.«[3]

Es verdichten sich die Anzeichen dafür, dass sich so etwas wie eine postpassionierte Gesellschaft ausgebildet hat, in der Leidenschaft als bemitleidenswerte Schwäche oder gar Idiotie angesehen wird.

---

3 Han, op.cit. S. 18. Zum aktuell vorherrschenden dystopischen Ton in der Zeitdiagnose bemerkt der Soziologe Andreas Reckwitz treffend: »Wenn der öffentliche Diskurs ein Patient in der psychologischen Therapie wäre, dann müsste man bei ihm Züge des Manisch-Depressiven diagnostizieren.« (Andreas Reckwitz, Das Ende der Illusionen. Politik, Ökonomie und Kultur in der Spätmoderne. Berlin 2019, S. 13).

Entweder unterliegt Amor dem Algorithmus oder aber das spätmoderne Paar verliert sich in maßloser Offenheit und gegenseitiger Dauertaxierung. Dieses Szenario, nämlich die Unterwanderung der Intimität durch den Kult der Authentizität, also durch permanente Bulletins über den eigenen Gemütszustand hat Niklas Luhmann schon vor dreißig Jahren hellsichtig analysiert und in der rhetorischen Doppelfrage zugespitzt: »Soll man aufrichtig sein auch in Stimmungslagen, die ständig wechseln? Soll der andere wie ein Thermometer an die eigene Temperatur angeschlossen werden?«[4]

Und dennoch trifft wahrscheinlich auch hier der Gemeinspruch zu: Die Lage ist zu ernst für Apokalypsen. Wer warnt, verdient Gehör. Aber auch die Suche danach, was sich vielleicht in Kassandras totem Winkel abspielen und einer gerade gängigen Großdiagnose widersprechen könnte, muss gestattet sein.

Es liegt in der Natur des Abgesangs, mag er auch mit hydrantenhafter Eloquenz vorgebracht werden, dass er sich jeder Verifikation entzieht, denn er speist sich aus dem großen Irgendwie eines Bauchgefühls oder der Verknüpfung von diversen Beobachtungen zu einer Art Theorie. Gewiss, es kann irritieren, wenn jemand, wie oft zu hören, die eigene Frau oder Geliebte als seine »Partnerin« bezeichnet.

---

4 Niklas Luhmann, Liebe als Passion. Zur Codierung von Intimität. Frankfurt am Main 1994, S. 211.

Auch Eltern, die sich als »gutes Team« vorstellen, scheinen vielleicht suspekt. Aber hat damit wirklich schon das Vokabular und damit die Denkart der Geschäftswelt das Private usurpiert?

Egal wie man diesen schleichenden Prozess betiteln mag – ob als Ernüchterung, Entfremdung, Verdinglichung oder Rationalisierung – immer schimmert wie ein Wasserzeichen der durch Max Weber berühmt gewordene Begriff von der »Entzauberung« der Welt darin durch. Die Geschichte der Kultur wird als fortgesetzte Entzauberung gelesen, welche dem Leben alle Geheimnisse, Rätsel und magischen Reize raubt. Alle Heiligtümer geschliffen, die Welt nur noch eine Versuchsanordnung, nur so sei das Wesen der Moderne zutreffend auf den Punkt gebracht. Jedes Requiem auf die Liebe ist in dieser Tonart verfasst.

Alle Prophetinnen und Propheten des Niedergangs machen sich fragwürdig durch eine Mischung aus Dünkel, Kitsch und Verzerrung. Wer zu wissen meint, wie gut und schön es dereinst war, scheint nicht minder vermessen als der, dem das kommende Heil schon klar vor Augen steht. Der Kulturpessimist teilt mit dem Utopisten nicht nur die Verdrossenheit am Jetzt, sondern auch den Anspruch auf seherische Potenz. Es scheint dann nur eine Frage des Temperamentes, ob Arkadien als für immer verloren beweint oder als fernes Ziel besungen wird.

In Sachen Liebe und Leidenschaft sollte die Verklärung der Vergangenheit besonders schwerfallen.

Antike und Mittelalter erachteten die amouröse Passion durchweg als Krankheit, im schlimmsten Fall sogar als Hexenwerk; Paarung im Dienste der Prosperität prägten Neuzeit und frühe Moderne, auch wenn einzelne Romantiker künstlerisch wie lebenspraktisch sehr wohl dagegen aufbegehrt haben. Vernunftehe klingt wie eine Verharmlosung dessen, was Madame Bovary allnächtlich entbehrte. Alles Zeitspannen der Verzauberung?

Bleibt noch die Unschärfe in der Wahrnehmung des Gegenwärtigen. Die Dämonisierung des Kapitalismus, mag sie auf dem Buchmarkt und in den Feuilletons zur Zeit auch verfangen, gründet in einer maßlosen Überschätzung seiner Wirkmacht. Als ob es – fast sechzig Jahre nach Herbert Marcuses Klassiker der Kritischen Theorie – wieder nur den Typus des »eindimensionalen Menschen« gäbe. Träfe der Befund der kompletten Entzauberung und Ernüchterung zu, die Welt müsste sich in ein fades, weil völlig uniformes und stählernes Gebilde verwandelt haben – eine mehr als kühne Reduktion von evidenter Vielfalt und Vielschichtigkeit. Manche sollen die heutigen Lebensverhältnisse gar als unübersichtlich empfinden. Vielleicht verbreitet sich Kulturpessimismus als Grundstimmung immer dann besonders gut, wenn sich genügend Menschen zur gleichen Zeit langweilen.

Also vielleicht lieber etwas Mikroskopie als das ganz große Panorama wagen? So wird Unscheinbares vergrößert, bekommt deutliche Umrisse und ein immer besser erkennbares Innenleben. Hierzu gibt es die schöne Aussage G. K. Chestertons, das Teleskop lasse die Welt kleiner, das Mikroskop sie hingegen größer erscheinen. Um Differenzierung bemühte Beobachtungen können tückisch für Parolen wie die vom vermeintlich reduzierten Gegenwartsmenschen werden. Fernab des Mainstreams könnten Reservate – in den Realien ebenso wie in der Kunst, der Literatur oder im Film – auszumachen sein, in denen anders gelebt, geliebt, gefühlt wird. Theoreme wie jenes vom Ende der Liebe müssen wahnwitzig pauschale Gültigkeit behaupten oder aber sie schrumpfen zur Trendforschung. Auf den *homo amans* bezogen bedeutet dies: »Gleich was man über die Liebesbeziehungen sagt, ihr natürlicher Reichtum an Kasuistik widerlegt es. Die Liebe ist ein Tausendfüßler. Wenn man von ihr erzählt, sind Übersicht, Einteilung und Thesen die schwächste Tugend.«[5]

Meidet man den Jahrmarkt der grellen Überschriften – *Die X-Gesellschaft, Das Ende von Y, Der Z-Mensch* – kann Unauffälliges wiewohl Aufschlussreiches zu Tage treten. Gefilde zum Beispiel, die dem Zeitgeist die Grenzen seiner Wirkmacht aufzeigen. Warum nicht ansetzen beim menschlichen Eigensinn, der Vielfalt des Erlebens? Warum eigentlich jenen großen Singular vermeiden, der die vor-

5 Alexander Kluge, Das Labyrinth der zärtlichen Kraft. 166 Liebesgeschichten. Frankfurt am Main 2009, S. 7.

nehmsten Seiten einer ansonsten ungeheuerlichen Spezies bezeichnet: das Humanum? Warum nicht an eine ursprüngliche Fähigkeit, ein Existenzial im Heideggerschen Sinne erinnern, welches sich quer durch die Zeiten und Kulturen zu erkennen gibt und den Menschen, ja, nobilitiert? Warum nicht eine unverwüstliche und unerschöpfliche Emotionsmöglichkeit in Erinnerung rufen? Dieses Potential mag heute verdeckt, vergessen oder verschüttet sein, es kann bis zur Unkenntlichkeit verblasst sein, aber sich doch wohl nie restlos erschöpfen.

Die pessimistische Suada hat den Reiz der schnellen und scheinbar evidenten Antwort. Hat der Mensch zu lieben verlernt? Ist das Fenster zum anderen geschlossen? Leiert das, was einst Gesellschaft hieß, zu einem Ensemble digitalisierter Sender und Empfänger aus? Dahinter steht die eine große Frage: Sind wir zur Transzendenz des Ego überhaupt noch befähigt? Die klare Bekräftigung dürfte ebenso wenig überzeugen wie die brüske Verneinung. Mehr vielleicht die Ambiguität von Wahrnehmungen und damit das Korrektiv des einäugigen Blickes.

Dieser Essay versteht sich als das Komma zwischen Ja und Aber. Er will die Rhetorik der Dystopie ebenso vermeiden wie dümmliche Erbauung. Stattdessen sucht er nach dem Gegensatz zum *anything goes* des spätmodernen Konsumismus. Dazu unternimmt er einen Gang über den Klanghof eines alten Wortes, dessen Sinn und Bedeutung er fernab jeder

Nostalgie oder – noch schlimmer – Ratgeberei entschlüsseln möchte. Dieses Wort erzählt vom ganz anderen zur eitlen Evaluation der Welt. Es erinnert an eine ungeplante, streng genommen sogar unsinnige Selbstbeschränkung des Ich und offenbart dabei eine Würde, die jedwede Eitelkeit beschämen muss. In diesem Wort bekundet sich die pure Anti-Ökonomie. Dabei ist es wohlvertraut. Vertrautes aber ist per se meist unverstanden. Also: Was ist das – die Hingabe? Und wer sind wir in der Hingabe?

Narren der Liebe

In der Hingabe ähneln wir Pietro Paladini. Seine Geschichte sei hier kurz erzählt.

Pietro ist dreiundvierzig Jahre alt, Chef eines Pay-TV-Senders und Witwer. Wobei Letzteres zumindest juristisch nicht korrekt ist, denn er lebte wohl elf Jahre mit Lara zusammen und hat mit ihr eine zehnjährige Tochter namens Claudia, doch sie hatten ihre Hochzeit lange, zu lange schließlich aufgeschoben. Lara stirbt plötzlich und ohne ein Symptom von Erkrankung gezeigt zu haben. Das Kind sieht seine Mutter stürzen und sterben. Der Vater ist in diesem Augenblick nicht zu Hause. Grausame Ironie des Schicksals: Laras Beerdigung wird an jenem Tage stattfinden, der eigentlich für die Trauung vorgesehen war.

Vater und Tochter werden zur Schicksalsgemeinschaft. Pietro scheint von einem fast heiligen Ernst erfasst und will nur noch dafür sorgen, dass dieses Kind sich niemals unbeschützt und unbegleitet fühlen soll. Diesem Wunsch wird sich alles beugen, was einst das Wichtigste in seinem Leben war und jetzt nur noch eine entfremdete Welt der sekundären Belange darstellt: Kalender, Kontakte, Karriere.

Wer den Roman »Stilles Chaos« von Sandro Veronesi liest, er ist im italienischen Original 2005 erschienen, oder seine Verfilmung mit Nanni Moretti in der Hauptrolle auf sich wirken lässt, der wird den Abgesang auf die selbstlose, interessefreie Liebe unschwer als ideologisches Marketing entlarven. Gleichzeitig offenbart dieses Buch nahezu das gesamte Alphabet der Hingabe, ihr lebensprägendes Wirken ebenso wie ihren dezenten Glanz.

Mit dem Ende des Sommers naht der erste Schultag, und Claudia kommt in die fünfte Klasse. Pietro fasst eine folgenreiche Entscheidung. Vor dem Atrium, inmitten einer Traube von Mitschülerinnen und anderen Eltern, hört seine Tochter ihn flüstern: »Du kannst darauf vertrauen, dass ich auf dich warte, bist du aus der Schule kommst. Auch wenn du mich nicht siehst, verstehst du? Ich bin hier.«[1]

Die letzten drei Worte haben die Statur von Säulen, auf denen eine Existenz ruht. Eine Pathosformel von enigmatischer Bündigkeit. Sie suggeriert eine Entscheidung ebenso wie ein Versprechen. Ich bin und bleibe hier. Zugleich betont sie eine Totalität. Ich gehöre hierher und nirgendwohin sonst. Meine Identität soll nunmehr in dieser Präsenz bestehen. Der Kopf mag durchaus noch andere Dinge verwalten, aber das Hier-Sein ist mein Grund.

Pietro wartet. Über acht Stunden täglich, immer in Sichtweite des Klassenzimmers. Sein Warten

---

1 Sandro Veronesi, Stilles Chaos. München 2009, S. 30.

gleicht einem Vakuum, das sich immer mehr mit Sinn füllt und das ihn über einen Zeitraum von Monaten hinweg als Person verwandelt haben wird. Sowohl der Roman wie der Film kennen, von wenigen Ausnahmen abgesehen, nur diese kleine Grünfläche irgendwo in Mailand als Schauplatz des Geschehens. Eines inneren Geschehens, das einer Katharsis gleichkommt.

Der Raum verengt sich, die Zeit dehnt sich. Allmorgendlich plaziert sich der bis vor kurzem rastlose Geschäftsmann im Auto oder im Park gegenüber der Schule und wird hellhöriger, zugänglicher, vertrauenswürdiger. Die Ferne seines Büros erzeugt eine neue, andere Nähe. Menschen mit ganz verschiedenen Temperamenten suchen Pietro in diesem ungewöhnlichen Ambiente auf, gewähren Einblick in ihre Probleme, erklären sich ihm ungefragt, machen keinen Hehl aus ihrer Ratlosigkeit, andere nutzen das Gespräch mit diesem merkwürdigen Mann im Anzug geradewegs zur Lebensbeichte. Das schmeichelt ihm. Und so wird sich Pietro zu seiner eigenen Überraschung immer öfter die sanften Worte aussprechen hören: »Erzähl weiter ...« Die Sprache des Entscheiders dürfte, wer so redet, endlich verlernt haben. In diesem Panoptikum der Unvollkommenen treten auf: eine Schwägerin, der Bruder, Kollegen, ein Vorgesetzter, den er insgeheim als »Halbgott« fürchtet, schließlich sogar ein weltberühmter Tycoon. Sie alle gründeln in Pietros Gegenwart. Einerseits schrumpft damit seine Welt, verglichen mit dem Radius des Wirtschaftsweltreisenden, andererseits gewinnt er eine völlig ungeahnte Tiefenschärfe und Zärtlichkeit in Wahrnehmung und Geste hinzu.

Genau diese versinnbildlicht Veronesi mit der ewigen Wiederkehr einer Nebenfigur. Ein kleiner Junge mit Down-Syndrom wird von seiner Mutter regelmäßig durch den Park begleitet. Einmal bemerkt Pietro, dass der Junge das Aufblinken des Autos beim Absperren mit dem Funkschlüssel als Gruß an ihn versteht und dem Wagen zuwinkt. Fortan entsteht ein Ritual: Sobald er den Jungen sieht, unterbricht Pietro jedes Gespräch, um das gelbe Blinklicht zu aktivieren.

Die Menschen fassen intuitiv Vertrauen zu dem Wartenden. Ein Sokrates auf der Parkbank, keine Weisheit für sich reklamierend, aber doch von so viel gesunder Nüchternheit und Skepsis, um nicht ganz unerleuchtet zu wirken. Außenansicht der Hingabe: Das Krustentier Mensch bekommt Risse auf seiner Oberfläche.

»Dieses Mädchen lebt in einer Blase, und ich kann nichts weiter für sie tun, als achtzugeben, dass diese Blase nicht platzt. Ich muss mich bemühen, so leicht wie sie zu sein. Beispielsweise darf ich nicht an den verrückten Tag denken, den ich erlebt habe, ich darf nicht daran denken, dass ich wahrscheinlich meinen Job verloren habe ... Ich muss in Einklang mit ihrem unschuldig heftigen Atem kommen, mit ihrer Erschöpfung ohne Vergangenheit oder Zukunft. Ich muss mich bemühen, ebenfalls in der Blase zu sein.«[2]

Ob Pietro seinen Job tatsächlich verlieren wird, das lässt der Roman offen. Wenn es aber dazu kommen sollte, dann weil er vollends aus seiner Managerrolle gefallen ist, weil er sich nicht mehr verstellen kann angesichts der neuen Klarheit darüber, was für ihn wirklich Bedeutsamkeit besitzt. Durch die Machtspiele und Ranküne in seiner Branche schimmert das fahle Licht der Vanitas.

Und das Kind? Claudia dankt ihrem Vater, wenn überhaupt, dann allenfalls verhalten. Sie zeigt weder Rührung noch eine gesteigerte Zuwendung. Auf Pietros Verhalten reagiert sie angenehm überrascht. Nicht mehr, aber auch nicht weniger. Nach Monaten seines täglich eingelösten Versprechens wird sie ihn schließlich bitten, nicht mehr vor der Schule zu warten. Es sei ihr peinlich, die anderen Kinder würden bereits tuscheln. Ende der Erzählung.

Die Geschichte des Pietro Paladini birgt eine tiefe Einsicht in die Wesenszüge der Hingabe und verdeutlicht erzählerisch zugleich deren markantesten Merkmale: Leidenschaft, Verschwendung und Selbstentblößung. So folgt der Protagonist kompromisslos seiner Passion, eben dem Wunsch nach täglicher Nähe zu seiner halbwaisen Tochter, und riskiert damit nicht nur einen jähen Karriere-

2 Veronesi, op.cit. S. 464f.

abbruch, sondern zumindest anfänglich auch das blanke Unverständnis seiner Mitwelt bis hin zum unverhohlenen Spott. Das schließlich titelgebende stille Chaos verlagert Kraft und Bewegung von den äußerlichen Abläufen in die Innenwelt eines Akteurs inkognito. Neue, leise Rituale und Umgangsformen besetzen gleichsam die Ruinen des verlorengegangenen Narzissmus. Diesen Gestaltwandel wird man auch als Humanitas bezeichnen dürfen.

Die Geste des Verschenkens oder gar Verschwendens ist bereits in die Begrifflichkeit eingezeichnet. Das weibliche Substantiv *Hingabe* wird nur im Singular verwendet. *Sichhingeben* hat eine zweifache Bedeutung. Einmal bezeichnet es eine starke innere Anteilnahme und Begeisterung, wie sie beispielsweise in den Wendungen *mit Hingabe ein Instrument spielen*, *jemanden mit Hingabe pflegen* oder *sich einer Arbeit mit Hingabe widmen* zum Vorschein kommt. Sodann steht der Ausdruck für die Bereitschaft, sich etwas oder jemandem ganz zu widmen, ja bis zur Selbstverleugnung zu opfern. In diesem Sinne wäre etwa die Rede von der religiösen Hingabe zu verstehen.

Von Hingabe zu sprechen, heißt aber auch, Erotik und Sexualität als Dauerassoziation wirken zu lassen. Das Wort ist aber nicht nur grammatikalisch ein Femininum. Es benennt den weiblichen Part beim Akt. Er gibt sich ihr nie hin. Immer ist es umgekehrt. Warum eigentlich?

Der Literaturwissenschaftler und Kafka-Biograph Reiner Stach verweist auf eine Doppelbedeutung der Hingabe, welche sexuelles Gewährenlassen ebenso bezeichnet wie ein ganz der Sorge und vielleicht auch dem Mitleiden verschriebenes Leben. Der Begriff könne als Prinzip des anderen Geschlechts gelten: Selbstpreisgabe – *engelsgleich oder hurenhaft* – als stets weibliche Neigung, die scheinbare Gegensätze wie Mutterschaft und Promiskuität umgreift.[3]

Und was gibt die Silbe *Hin* zu hören? Ein Fort, ein Weg, eine Bewegung auf einen Zielpunkt zu. Sodann eine überdeutliche Fixiertheit: Dorthin muss es gehen, weil sich Sinn oder Reiz ansammelt. Aber dann schwingt auch eine Selbstvergessenheit, eine Preisgabe von Kontrolle, Souveränität und Maß in diesen drei Buchstaben mit.

Sandro Veronesis »Stilles Chaos« entschlüsselt noch einen weiteren zentralen Aspekt der Hingabe, von dem bislang nur andeutungsweise die Rede war. Hingabe an einen anderen Menschen kann auf Echo und Entsprechung stoßen, aber sie muss es ihrem Wesen nach nicht, sondern kann sich auch in Einseitigkeit erschöpfen. So hat die Tochter ihren Vater weder um dauerhafte Anwesenheit und symbolischen Schutz gebeten noch hat sie es

3 Vgl. Reiner Stach, Kafka. Die Jahre der Entscheidung. 4. Auflage, Frankfurt am Main 2015, S. 303.

ihm je explizit gedankt. Die Wahl dieser Allianz hat Bedeutung für Pietro, nicht jedoch deren Resonanz. Erstere verändert ereignishaft sein Leben und bewirkt, dass er von all seinen Zielsetzungen ebenso Abstand nimmt und zugleich über jedwede Rechtfertigung für sein ungewöhnliches Handeln erhaben scheint. Damit ist der Bereich des Unerhörten, das zum Schicksal werden kann, betreten.

Hingabe heißt also *Ich will lieben* statt *Ich will geliebt werden.* Sie verweigert sich nicht der Erwiderung, ist aber auf sie nicht angewiesen. In ihrem Roman »Animal triste« lässt Monika Maron die Protagonistin von ihrer Liaison zu einem verheirateten Mann, der sich von seiner Frau nicht trennen will, berichten. Die Erzählerin, nicht mehr jung und noch nicht alt, erinnert sich an ihren Geliebten, dem sie im Berlin der Wendezeit begegnet ist. Ihre Leidenschaft nimmt obsessive Züge an. Marons Heldin beschwört die Liebe als einzig verbliebene anarchische, sinnstiftende Macht, die alle Gesetze ihrem eigenen unterwirft. So bekennt sie, sehr zur Verwunderung einer Vertrauten:

»Obwohl eine dumpfe Traurigkeit mir wie ein Schlafmittel, dessen Wirkung nicht zugelassen wurde, die Sinne lähmte, fühlte ich mich wohl. Es war nichts falsch daran, wie ich so neben Ate saß, willig hingegeben einem Schmerz, der ganz und gar mir gehörte, der mir bestimmt war oder ich ihm. Ich dachte den Namen Franz vor mich hin wie andere den Namen Gottes; für Glück, Unglück, Erlösung hatte ich nur noch dieses eine Wort: Franz. So ist es bis heute geblieben.«[4]

Die Romane von Monika Maron und Sandro Veronesi bezeugen, dass die Leidenschaft die vielen Zumutungen des Neoliberalismus sehr wohl überlebt hat. Sie schildern zwei Narren der Liebe, ganz unterschiedlich in ihrer – psychoanalytisch gesprochen – Objektwahl, aber verwandt in ihrer völligen Zeitvergessenheit. Das Kontinuum scheint für ihr Bewusstsein unterbrochen. Und so blicken sie wie aus einer Erlebniskapsel auf die Geschäftigkeit der anderen, deren Realismus beinahe virtuell auf sie wirken muss.

Das Sichhingeben entpuppt sich in beiden Fällen schon deshalb nicht als glückliches Asyl des Menschen, weil das Glück als Endziel ebenso zerbröselt wie die Furcht vor Schmerz. Hingabe heißt Intensität. Jede Abschätzung der Folgen wäre ihre eigene Verstümmelung. Das Risiko, vielleicht nicht auf Gegenliebe zu stoßen und als Gescheiterte zu gelten, entfaltet keinerlei hemmende Wirkung.

In der Hingabe drückt sich zudem eine zweifelsfreie Grundstimmung, die Evidenz einer bestimmten Lebenseinstellung aus. Beide Romanfiguren

---

4 Monika Maron, Animal triste. Frankfurt am Main 1997, S. 149. Den Rauschcharakter der Hingabe betont sehr markant Cesare Pavese in seinem Diarium: »Geben ist eine Leidenschaft, fast ein Laster. Die Person, der wir geben, wird uns zur Notwendigkeit.« (Das Handwerk des Lebens. Tagebuch 1935–1950. Düsseldorf 1988, S. 260).

rücken in eine Sphäre ein, die sie läutert. So lenken sie ihren Blick vom Vielen weg auf das Eine, lassen alle Ambivalenzen hinter sich; das Zentrum ihrer Existenz ist geordnet und geradezu minimalistisch strukturiert, die Peripherie hingegen wirkt heillos überlaufen.[5] Dissonanzen entstehen nur dadurch, dass die restliche Welt jene freien Radikale der Liebe am Gewöhnlichen misst und mustert. In der Hingabe verlieren Personen ihre Masken und so schummeln sie fortan beim kollektiven Rollenspiel, indem sie ganz bei sich sind.

Suchte jemand nach einer Urfigur für eine Liebende, die sich noch im Jenseits unbeugsam zu ihrer Leidenschaft bekennt, die Spur könnte zu Francesca da Rimini im fünften Canto von Dantes »Inferno« führen. Durch die Hölle für Liebessünder müssen Paolo und Francesca, von wilden Sturmböen gejagt, in alle Ewigkeit fliegen. Aber sie lassen trotz der Qualen nicht voneinander ab. Ihre Liebe bestimmt sie nicht nur für den Tod wie Penthesilea, Tristan und Isolde oder Anna Karenina, sondern noch post mortem im Jenseits. Francesca leuchtet als reuelose Liebhaberin, die noch aus der Hölle heraus die Lust preisen kann: »Amor, der keinem Geliebten das Lieben erlässt, ergriff mich zu seiner

---

5 Dieses einfache Sich-Hinwerfen als Aufhebung von Intention, Differenz und Gegenständlichkeit macht auch eine Kernerfahrung der Mystik aus. Vgl. hierzu Werner Beierwaltes, Fußnoten zu Plato. Frankfurt am Main 2011, S. 209 f.

Schönheit so stark, dass er mich, wie du siehst, noch heute nicht verlässt.«[6]

Dante, den Vergil in der »Göttlichen Komödie« auf der Jenseitsreise begleitet, verliert von Mitleid mit Francescas Los überwältigt das Bewusstsein.

Dieses verdammte, aber unbezähmbare Paar versinnbildlicht das, was Intimität bedeutet: Zwei im reuefreien Raum. Das Intime, Superlativ des Inneren, verweist auf einen doppelten Akt, nämlich den des Rückzugs sowie den des Teilens, der gegenseitigen Teilhabe. Mit jemandem intim werden hat neben der gängigen Gleichsetzung mit körperlicher Nacktheit eine vorgängige psychische Dimension. Das Innerste entblößt sich, indem es sämtliche Schutz- und Abwehrmechanismen in einer Art Willen zur Ohnmacht außer Kraft und Kontrolle setzt. Nicht weniger als das Rüstzeug des Ich – bestehend aus Kalkülen, Prinzipien, Grenzziehungen – bleibt auf der Strecke hin zur Intimität. Der Philosoph und Sinologe François Jullien vergleicht die Intimität mit einem Unterschlupf jenseits einer Schwelle, die zu überschreiten einer Flucht aus der Souveränität gleichkommt. Dahinter liegt ein Versteck für zwei, die sich wie unter einem »unsichtbaren Baldachin«[7] ganz anderen Lebensgeistern aussetzen als es bürgerliche Monaden für gewöhnlich tun.

6 Dante Alighieri, Commedia. In deutscher Prosa von Kurt Flasch. 3. Auflage, Frankfurt am Main 2015, S. 30.

7 François Jullien, Vom Intimen. Fern der lärmenden Liebe. Wien 2014, S. 27.

Die Einzigartigkeit des Intimen besteht nach Jullien darin, dass es nicht mehr an den Mangel und das dadurch ausgelöste Streben geknüpft ist. Es unterbricht auf dezente Art und Weise die Zickzacklinie von Enttäuschung und Befriedigung. Deren Ausschläge hat Platon bekanntlich im »Symposion« als Wirkmacht des Eros gedeutet, wobei er Anleihe am Mythos nahm. Die Götter hielten einen Schmaus zur Feier von Aphrodites Geburt. Darunter war auch Poros, welcher Fülle und Reichtum personifiziert. Als dieser, trunken vom Weine, seinen Rausch im Garten des Zeus ausschlief, legte sich Penia – die Bedürftigkeit – zu ihm und empfing den Eros.

Offenbar verpflichtet Herkunft wirklich, denn Eros wird nach väterlicher Opulenz streben, dazu aber sinnigerweise die vitalistische Erbmasse seiner samenräuberischen Mutter nutzen. Platon folgert daraus, dass Eros bzw. das liebende Verlangen immer intentional, also Streben nach etwas oder jemandem sei. Je nach dem Grad philosophischer Erleuchtung mutiert das Objekt der Sehnsucht vom Physischen zum Metaphysischen, vom schönen Körper zur schönen Seele und schließlich sogar zum Schönen an sich. Doch Eros bleibt stets »eine Erfahrung des Trachtens und Strebens sowie der Eroberung, an den Mangel gebunden, aus Entbehrung entsprungen und auf Befriedigung abzielend«[8].

8 Jullien, op.cit. S. 164 – Gleichwohl entpuppt sich Platon mit der Diotima-Rede im »Symposion« als Phänomenologe avant la lettre.

Die Narren der Liebe agieren leise, wispern, flüstern, würden immer eine Geste dem lauten und klaren Wort vorziehen, um das Unaussprechliche nicht zu verraten. Zwischen ihnen sorgt das Nicht-Gesagte für Einvernehmen: oft der Blick, die Mimik, die Färbung der Stimme, der ganz eigenwillige und fast verschlüsselte Humor, die gewagte Berührung. Fernab vom Zwang, Dinge klarzustellen, entfaltet sich in der Intimität ein ganz eigenes Sprachspiel. Es gibt dem Vagen ebenso Ausdruck wie dem Unscheinbaren, bislang Übersehenen und Überhörten. Um sich nicht am Granit der Gewohnheiten wundzureiben, braucht es nicht weniger als den gründlichen Wort-Wechsel: Du musst deine Sprache ändern.

So wie das Unwort *Beziehung* eindeutig für das Prinzip Distanz steht, wirkt im Intimen das Apriori der Nähe. Und es ist die Nähe selbst, die im Intimen gefeiert wird, sei es durch Konspiration, Kopulation oder beides zugleich. Strömenlassen von Lust und Zuneigung, Erlösung von quälender Selbstbeobachtung, vitale Verbotsvergessenheit – nur so vermag der innere Süden überhaupt jemals zum Vorschein zu kommen. Sexualität kann, muss aber nicht notwendig Bestandteil einer Intimsphäre sein.

Er rekonstruiert nämlich einen dynamischen Raum von Kräften, die zwischen fixen Gegensätzen wirken, ohne diese zu versöhnen oder aufzuheben.

Allein jede Art von Absicht, das gilt es festzuhalten, bleibt darin erfolgreich außer Kraft gesetzt.

Vor der Intimität steht keine Entscheidung, man beschließt nicht etwa, in sie einzutreten. Eher wäre es als eine Bewegung des Gleitens oder Kippens zu verstehen; diese Sphäre eröffnet sich ereignishaft, so dass zwei sich darin mit einem Mal wieder vorfinden, nachdem sie aus der Ordnung der Dinge herausgefallen sind. Ist das Intime also eine Parallelwelt zum wohlstrukturierten, durchrationalisierten, aber eben auch kalten und stagnierenden System der Tatsachen? Hier dürften Zweifel angebracht sein. Parallelwelten insinuieren eine Duplizität von Strukturen und Schemata, den ontologischen Abklatsch also, während das Intime für eine Anderswelt steht, in der ein friedfertiger Geist wiewohl radikaler Negation herrscht.

Negation wovon? Von allen Machtspielen in der fortgeschrittenen Monotonogamie; von einem Alltag, der gar kein festlicher mehr sein will; von Ritualen, die sich schon längst erschöpft haben; von Anschaffungen und Ablenkungen, die ein ausgeleiertes Band zwischen zwei Menschen nimmermehr straffen können. Mit den Worten des Dichters gesagt:

»Wir sehen etwas furchtsam hin und denken rücksichtslos: nicht mehr viel Hülle und Balg an dem, was jener ist, kaum noch Zeichen der zwecklosen Erscheinung, wo bleibt das Unverhoffte und die autonome Handlung? Das Drahtgespinst der Psycho-Puppe, dem Knochenmann nicht unähnlich, ist aus der ehrlichen Haut hervorgetreten und hat den Platz des freien Spielers eingenommen. Erschreckend manchmal, wie wenig Gestalt noch und wie durchsichtig an seinen abgewetzten Stellen der äußere Anschein, dort wo, vielgenutzt, Schönheit, Wirkung und Wille waren.«[9]

Intimitäten wären als Schwebezustände zu begreifen in denen die strikte Unterscheidung in tätige und passive Anteile keinen Sinn mehr ergibt. François Jullien notiert daher zu Recht: »Halten wir fest, dass das Intime diese Zweiteilung der Rollen und der Formen in aktiv/passiv nicht kennt. Im Intimen, in diesem von ihm eröffneten Zwischen, ist jeder untrennbar aktiv-passiv bzw. ist diese Unterscheidung, insofern das Intime tatsächlich Teilung ist, überholt.«[10] In der intimen Nähe ist jeder beides zugleich – Gast und Gastgeber.

Szenenwechsel: Eine Frau, abgestützt auf einem Baumstumpf, beugt sich halb hinab zu ihrem Geliebten. Kniend umschlingt der Mann sie, das Ge-

---

9 Botho Strauß, Paare, Passanten. München 1984, S. 72.

10 Jullien, op.cit. S. 186 – Intimität bedeutet das Andere der Distanz. Von allen Missverständnissen die Nähe betreffend, ist dieser gängige Gegensatz wahrscheinlich das größte. Was intuitiv richtig klingt, scheint auch wissenschaftlich kanonisiert. So definieren Psychologen Nähe als Einbeziehung des anderen in das Selbst. Damit wäre sie subjektiv, also vom Ich her gedacht. Jemand oder etwas ist mir nah, weil eine Wesensähnlichkeit vorliegt, aufgrund der sich Distanz reduziert und im Gegenzug eine emotionale Bindung von der Sympathie bis zur Liebe erwächst. Nähe unterliegt nach diesem Verständnis einer Intention. Sowohl die Tatsache als auch den Grad der Nähe definiert das Ego.

sicht zu ihrer sich ihm zuneigenden Wange emporgestreckt. Mit geschlossenen Augen könnte sie leise von ihm gesprochene Worte vernehmen. Diese in Innigkeit Verbundenen heben sich gleichwohl noch voneinander ab. Ihre Intimität scheint eine vorsichtige. Zwei auf dem allerletzten Wegstück aufeinander zu. Wer sich allerdings hier wem hingibt, das entzieht sich der genauen Bestimmung. In dem Maße, wie sie die Distanz zueinander zum Verschwinden bringen, halten sie die übrige Welt auf größtmöglichen Abstand. Ihre Intimität gleicht jenem Baldachin, von dem oben die Rede war.

Die 22jährige Camille Claudel hat dieses Paar zuerst 1886 als Plastik entworfen, ehe sie es 1905 in weißem Marmor neu entstehen ließ und damit zu seiner berühmten Form brachte. Mit diesem Werk, das der Passion zweier Menschen eine geradezu metaphysische Wendung gibt, zerbricht sie zugleich das Rollenklischee von der hingebungsvollen Frau hier und ihrem männlichen Eroberer dort. Nein, der Mann wird hier zur Schwäche befreit, indem er mit seiner Geliebten leidenschaftlich zu konspirieren und alles um ihn herum ebenfalls zu vergessen scheint. Er wird wie sie zum Schützling der Liebe, einer immer anfänglichen und deshalb vielleicht auch fragilen Liebe. »Sakuntala«, jenes Sinnbild von Intimität als gegenseitiger Hingabe, steht, nein lebt heute im Rodin-Museum zu Paris.

Magiern der Liebe kann eine einzige überwältigende Begegnung zum Schicksal und damit immer auch zum Verhängnis werden. Das Närrische, aus Sicht des Philisters, besteht im Risiko versagter Belohnung. Hingabe, weil an sich Totalität, schließt auch Untergang nicht aus. Andere ahnen das und handhaben die erotische Freiheit eher wie Flaneure, die – in goetheanischer Manier – im Endlichen nach allen Seiten gehen. Man gibt dabei immer nur jene Facette des eigenen Wesens preis, die jeweils ihre Erfüllung sucht.

Intimität bleibt intersubjektiv; sie geschieht zwischen Menschen. Dazu verhält sich die Hingabe als Avantgarde, kann sie doch allem gelten, was den Labyrinthen der Seele auf Widerhall stößt. So gibt es neben der Hingabe an einen Menschen eben auch die an eine Kunst oder eine Erinnerung, an ein Spiel oder eine Idee. All diese Formen zu vergegenwärtigen riefe eine Kulturgeschichte derer auf den Plan, die sich in den Fängen einer Passion frei fühlten, bedeutete ein Panoptikum all jener Heldinnen und Helden der Verausgabung, die sich eine verschwenderische Identität zugelegt haben. Zum Sichhingeben waren, sind und bleiben diejenigen prädestiniert, die das Leben weniger als Lauf empfinden denn als Tanz – zu einer Musik, die nur sie hören.

Hingabe, und dies wäre die zweite Abweichung von der dialogisch strukturierten Intimität, kann auch Einseitigkeit bedeuten, womöglich sogar Einsamkeit. Das Intime bezeichnet ein Wir, dem zwei Subjekte sich leidenschaftlich verschrieben haben und in dem sie wie in einer höheren Identität aufgehen. Hier vollzieht sich ähnlich der Freundschaft immer eine symmetrische Bindung, während die Hingabe sehr wohl und gar nicht selten ohne irgendeine Erwiderung auskommen muss. Man darf sie daher als eine asymmetrische Bindung bestimmen. Die wohl größte und nuancenreichste Asymmetrie, die in der Liebe möglich ist, besteht zwischen dem Menschen und Gott. Die andere Seite hüllt sich in absolutes Schweigen und Unsichtbarkeit.

Kraft der Schwäche

NINON de Lenclos gilt bis heute als die schillerndste Kurtisane und *femme de lettres* zur Zeit Ludwigs XIV. Ihr Salon im Pariser Marais-Viertel sollte zu einer Art Aufwachraum für die bessere Gesellschaft der Hauptstadt avancieren. Müde von den starren Ritualen bei Hofe versammelte sich beinahe alles, was Rang und Namen hatte, bei eben jener Dame, die allabendlich den Drachen der Langeweile neu zu erlegen vermochte. Ihre Waffen dabei waren freie Rede und Liebe. Zu ihren Verehrern zählten der Herzog von Saint-Simon, die Dichter Molière und La Fontaine, aber auch durchaus mondäne Geistliche wie der Abbé de Chateauneuf und Kardinal Richelieu. In ihren zahllosen Liebschaften pflegte sie die Rolle des Mannes, weil nur diese Freiheit garantierte. So überließ sie denn auch alle Kinder nach Geburt den jeweiligen Vätern. Im Alter von sechsundfünfzig Jahren unterrichtete die Umschwärmte den jungen Marquis de Sévigné in der damals noch systemrelevanten Kunst der Galanterie.

Mäßige Leidenschaft sei das Merkmal schwacher Seelen, so die Gleichung, die Ninon de Lenclos gegenüber dem Marquis in einem berühmt gewordenen Brief aus dem Jahre 1676 aufstellt. Es sei nur nebenbei festgehalten, dass eine französische Kurtisane dasselbe Phantombild eines großherzigen, eben weil sich bedingungslos verschwendenden Menschen zeichnet wie später Friedrich Nietzsche in »Jenseits von Gut und Böse« – allerdings mit gut zweihundert Jahren Vorsprung:

»Nachdem ich Ihnen wiederholt geschrieben habe, dass ich Sie liebe, bis zur Raserei liebe, bliebe mir keine Rettung übrig, wenn ich wie die anderen Frauen liebte ... Ich sehe indessen bei Ihnen nicht dieselbe Begeisterung, die ich empfinde, und wenn mir diese meine Leidenschaft nicht teuer wäre, so würde ich sie tausendmal am Tag verwünschen. Meine zärtlichen, lebhaften Gefühle lassen mir die Ihrigen so schwach und lau erscheinen, dass Ihre Liebe in meinen Augen wie Gleichgültigkeit aussieht, wie sehr Sie ihr auch den Anstrich einer Leidenschaft geben möchten. Ich kann Sie nur bedauern, wenn Sie nicht sensibel sind ... Sie ahnen ja kaum, was Glückseligkeit ist! Welche Genugtuung wäre es für mich, wenn es mir glückte, Ihr Herz einer ebenso heftigen, tiefen Liebe fähig zu machen wie das meinige sie fühlt! Ich würde glauben, Ihnen ein neues Dasein zu geben. Nur Illusion und Begeisterung können uns wahrhaft glücklich machen. Was bedeuten andere Freuden? Sie hängen zu sehr mit dem Verstand zusammen und können daher keinen großen Reiz haben.«[1]

---

1 Zitiert nach: »In tausend Formen magst du dich verstecken«. Erotische Briefe der Weltliteratur. Herausgegeben von Annalisa Viviani. Königstein 1984, Seite 34.

Glückseligkeit, darin gipfelt die Paradoxie ihrer Botschaft, kann sich auch einstellen, wenn Passion keine Erwiderung erfährt. Verschwendung macht stolz und lässt all jenen gegenüber Bedauern empfinden, denen die Fähigkeit zur Maßlosigkeit nicht mitgegeben wurde. »Illusion und Begeisterung« bilden den Doppeladler, in dessen Zeichen sich die geborene Liebhaberin wappnet.

Bemerkenswert wird dieses Bekenntnis durch die asymmetrische Leidenschaft einer reifen und zweifellos selbstbewussten Frau, die von einem Sich-Entziehenden angezogen wird. Aber damit nicht genug. Sie gibt jede Kontrolle auf und riskiert die Selbstentblößung. Nichts steht mehr in ihrer Macht, hat sie sich doch umgekehrt der Macht ihrer Gefühle explizit unterworfen. Der Ton, trotzig wenn nicht sogar triumphierend, lässt aufhorchen. Eine offenkundige Niederlage verwandelt sich in die beglückende Evidenz, weit über die bürgerlichen Maße bei Sinnen, wenn auch nicht immer bei Trost zu sein.

Der Poet und Orientalist Friedrich Rückert wird zu Beginn des neunzehnten Jahrhunderts diesen Trotz geradezu befehlen, wenn er den persischen Sufi-Mystiker Rumi umdichtet:

Denn wo die Lieb' erwachet, stirbt
Das Ich, der dunkele Despot.
Du laß ihn sterben in der Nacht,
Und atme frei im Morgenroth.[2]

---

2 Friedrich Rückert, Werke Band 1. Leipzig/Wien 1897, S. 310.

Jenseits des Gedichtes gerät der Imperativ aber unweigerlich zur Farce. Hingabe taugt nicht als Konzept oder Handlungsanweisung. Das unterscheidet sie von den derzeit allenthalben angepriesenen Lebenseinstellungen wie *Resilienz*, *Achtsamkeit* oder auch *Resonanz*. Diese haben jeweils ihre prominenten und erfolgreichen Vordenker, Prediger und Übungsleiter. Man könnte diese Konzepte als paradoxe Motivation beschreiben. Hier wird – wohl mit verschiedenen Facetten, aber in weitgehender Übereinstimmung der Impulse – Deoptimierung optimiert, das Sein-Lassen trainiert. Anstatt die Lebenswelt als unendliche Zugriffsmöglichkeit zu verstehen und damit unvermeidlich Stresssituationen hervorzurufen, tritt nunmehr als Agenda der stoische Rückzug vom agilen Bewusstsein auf den Plan. Dabei bleibt es freilich bei einer normativen Setzung, allerdings mit einer veränderten Ausrichtung. Bewusstseinsanpassungen geschehen jetzt im Zeichen einer entschleunigten Zeugenschaft des Daseins.

Madame de Lenclos scheint eine ganz andere Botschaft bereitzuhalten. Gewisse Menschen lassen sich auf Situationen und Konstellationen ein, in denen sie nicht mehr souverän agieren, sondern in ihrem Bewusstsein und Verhalten bestimmt werden. Die Pointe besteht darin, dass sie sich auch bestimmen lassen wollen. Solches ist keineswegs unter ihrer Würde, vielmehr wird sie ihnen paradoxerweise dadurch erst zuteil. Auf den ersten Blick ein

Affront gegen das Prinzip der Selbstbeherrschung, zugleich der Albtraum der Philosophie und ihrer Apotheose der Mündigkeit. Dieses Wort hat eine doppelte Konnotation. Es bezeichnet die Autonomie als Bedingung der Möglichkeit praktischer Vernunft; gleichzeitig hebt es auf den Logos und das reflektierte Sprechen in Begriffen ab, worauf ein als Diskurs verstandenes gesellschaftliches Handeln gründen soll.

Aber erschöpft sich darin die Existenz? Gibt es auch eine Form gelingenden Lebens, die nicht bedingungslos der Souveränität gehorcht? Wer die rein rationale Orientierung und die Ausrichtung auf begrifflich genau fixierte Ziele hin missachtet, handelt deswegen noch lange nicht irrational. Es mag vielmehr ein individuelles Gesetz am Werk sein, das nach außen hin kryptisch wirkt, im Inneren indes eine geheime Logik entfaltet hat. Man könnte es die Kraft der Schwäche nennen.

So wie sich die Hingabe habituell als ein Aus-der-Rolle-fallen erweist, entspricht sie einer mentalen Verfassung, die als Hingerissensein zu bezeichnen wäre. Sie darf dabei getrost das Prädikat vernunftvergessen für sich reklamieren. Aber auch von einem anderen tiefsitzenden Kalkül scheint sie entfremdet. Es geht ihr nicht mehr um die unbedingte Selbsterhaltung, um Gesundheit, Wellness, Selbstachtsamkeit und ein langes Leben. Hingabe gleicht einer Ausflucht in die Wildnis. Normalität erscheint als banaler Zustand der Gesellschaft, dem jede aufregende Unmittelbarkeit abgeht. Wer dieser Langeweile entkommen möchte, bricht in Gefilde auf, in denen noch Unberechenbarkeit wartet. Laster, Lüste, Visionen, Abenteuer – Leben reimt sich auf Experiment, Überschreiten von Grenzen, Tabus und dem vermeintlich guten Geschmack des Mainstreams. Letzterer spart kaum mit Rechthaberei. Wie anders jedoch die Hingabe, erteilt sie doch per se weder Ratschläge noch empfiehlt sie sich selbst zur Nachahmung. Nicht etwa, weil der eigene Leitstern zweifelhaft wäre, sondern weil sich der Übergriff einer Verallgemeinerung ebenso verbietet wie die Bewertung von anderen Lebensformen als richtige oder falsche.

»Man kann die Intimität nicht diskursiv artikulieren«, hat der französische Philosoph Georges Bataille treffend bemerkt[3]. Als Glückstechnik oder Lebensmodell würde sie prompt versagen. Alles Intime verweigert sich der Ordnung und der Vermittlung. Es bleibt pures Privatissimum und somit kryptisch, insofern es sich der Maschinerie von sogenannten Diskursen entzieht und unter Ausschluss der Öffentlichkeit und deren Zensur gedeiht. Ein Fremdkörper inmitten der mitunter rigiden Konventionen von Familie, Staat, Kultur und Religion.

---

3 Georges Bataille, Theorie der Religion. München 1997, S. 45 – Es ist selbstverständlich ein Unterschied, ob Sinnzusammenhänge durch eine schwere Krankheit verloren gegangen sind oder ob sie von einem anarchischen Temperament relativiert werden. Nur Letzteres sei hier Kontext.

Bataille, Bauernsohn und Bibliothekar, harrt noch seiner Entdeckung als moderner Klassiker der Mystik. Als Angestellter im öffentlichen Dienst schrieb er mit Vorliebe und Gefallen an der Subversion über Verausgabung, Obszönität und den heiligen Eros. Seine Überlegungen zur Verschwendung, von den Surrealisten inspiriert, zielen ab auf eine Überwindung des ökonomischen Weltverhältnisses des Menschen und schimmern variantenreich in allen seinen theoretischen und literarischen Schriften auf. Sein Opus versucht nichts weniger als den Zustand der Ekstase zur Sprache zu bringen und damit das Unbegreifliche aller Verschmelzungen von Ich und Nicht-Ich zu erfassen. Der Erotik kommt dabei eine zentrale Bedeutung zu. In einer radikalen Philosophie der Immanenz bewahrt die irdische Liebe das vormals Göttliche auf. In der erotischen Erfahrung erstrahlt die Vergänglichkeit in göttlichem Glanz. Mystiker ohne Gott, das wäre vermutlich die schlüssigste Formel für Batailles heterogenes Werk.

Die Hingerissenheit entwickelt eine Kraft, die sich in der Verausgabung regeneriert. Im ästhetischen Rausch, in der Akklamation des *da capo*, im verführten Verführen der Liebenden feiert die Endlichkeit sich selbst. Aber auch die Kontemplation kann wirken wie ein Sog und dem Ich jedes Streben abgewöhnen. Was wäre Versenkung, wenn nicht ein Adieu an die *vita activa?* Doch offenkundig nimmt dieser Verzicht nicht, sondern gibt etwas.

Eine Heimstatt im Hier und Jetzt, einen neuen Blick auf die nunmehr unbewertete Welt, eben eine Hingerissenheit von den Feinheiten und Nuancen der Wirklichkeit, seien es faszinierende Landschaften oder magische Orte der Einkehr.

Nur für den Außenstehenden stellt sich die Frage nach der Plausibilität dieser Erfahrung. Ist das Verehrte es denn überhaupt wert? Ist das Subjekt nicht einem Wahn verfallen, Opfer der eigenen Illusion und damit ein Weltflüchtling? Hingabe als asymmetrische Bindung hieße für einen weniger wohlwollenden Beobachter vermutlich Selbstpreisgabe in einem asymmetrischen Machtverhältnis – oder er spricht freudianisch einfach nur von einer Zwangsneurose.

»Intim im starken Sinn ist etwas, das über die Aufwallung einer Abwesenheit von Individualität verfügt, über die nicht fassbare Klangfülle eines Stroms, über die ungetrübte Leere des Himmels ... Paradoxerweise ist die Intimität die Gewalt, sie ist die Zerstörung, weil sie sich mit der Position des getrennten Individualismus nicht verträgt.«[4]

Der in ein intimes Verhältnis eintretende oder sich gar völlig hingebende Mensch erscheint wie ein sanfter Guerillero, dem es einzig und allein um eine Entfesselung geht. Fesselnd wirkt jene Ordnung der Dinge, die da heißt: jeder und jede für sich und zum eigenen Vorteil. Bataille, der auf die-

---

4 Bataille, loc.cit.

ser Welt nach eigenem Bekunden nichts anderes zu tun hatte als zu brennen, spricht denn auch von einem »verschwenderischen Aufbrausen« und einer »verzehrenden Bewegung« aus dem Zustand unterdrückter Unmittelbarkeit heraus.[5] Heutigen Liebes-Dystopikern hätte Bataille wohl einen Mangel an ausschweifender Phantasie attestiert. Mag die Ökonomisierung der Lebenswelt, allem voran die fortschreitende Verwandlung von Arbeitsleistung in Betriebskosten, von Humanem in Humankapital, auch nicht zu leugnen sein, so bleibt doch das Dionysische, das Un-ding der Hingabe, unerfasst von allen Warenströmen. Seine Texte lassen keinen Zweifel daran, dass die Macht des Verschwendens und Sichverzehrens nur mit der Menschheit verglühen kann, nicht aber vor ihr.

Irgendwann in den 1630er Jahren entstand ein Bild, welches das ganze Geheimnis des Sich-bestimmen-lassens zu durchblicken scheint: Artemisia Gentileschis »Maria Magdalena in Ekstase«[6]. Es greift ein zu dieser Zeit weit verbreitetes Sujet auf, gibt diesem aber eine originelle und skandalträchtige Wendung.

Artemisia, geschult von ihrem Vater Orazio Gentileschi, hielt sich an den typischen Motivkanon des Frühbarocks. Sie malte historische, mythische

5 Bataille, op.cit. S. 46.

6 Vgl. Gudrun Swoboda/Stefan Weppelmann (Hrsg.), Caravaggio & Bernini. Wien/Amsterdam 2019, S. 154 f.

und religiöse Frauenfiguren, die sie zu leidenschaftlichen Heldinnen stilisierte. Wille, Erregung, Freimut leuchten aus den manieristischen Posen ihrer Heroinnen hervor, die immer wieder modisch exquisit in fließende Stoffe gehüllt vor Augen treten. Judith etwa mit dem Dolch in der Hand und begleitet von ihrer Magd Abra, die den abgeschlagenen Kopf des Holofernes in einem Körbchen trägt als kämen die beiden gerade von einem Markt der Viktualien. Nur in Judiths Gesichtsfarbe, ihrem leicht geöffneten Mund und vor allem im entrückten Blick glüht die Erregung über die ungeheuerliche Tat nach. Das Bild überrascht mit dem Ausdruck stolzer Reuelosigkeit, dem aber jeder Triumphgestus abgeht. Achtsamer und eleganter wurde selten gemordet.

Von dieser Gestalt des Alten zu einer des Neuen Testamentes. Maria Magdalena wurde damals als bewegte Frau gesehen, die ihrem sündigen Vorleben als Prostituierte abschwor und eine treue Anhängerin Jesu wurde. Üblicherweise fand ihre Bekehrung zum frommen Leben bildhaft Ausdruck in einer Gebetshaltung, gerne in eine Überfülle himmlischen Lichts getaucht und symbolisch ergänzt durch einen Totenkopf, der die vergängliche Welt der Sündhaftigkeit repräsentiert, oder durch ein Buch zum Zeichen des Gelöbnisses auf die Heilige Schrift. Nichts davon in Gentileschis Gemälde. Es zeigt die völlige Hingabe an Gott in einem neu gefundenen Glauben, der dieser Frau Anmut,

Würde, aber auch eine fast überirdische Ruhe verleiht. Die Seligkeit in ihrem Gesichtsausdruck erzählt von einem religiösen Erlebnis, das sämtlichen bionegativen Energien wie Reue, Selbstanklage und Unterwerfung entrückt zu sein scheint. Auf ihre sündige Vergangenheit verweist nur ein verrutschtes Unterkleid, das ihre rechte Schulter und die zarte Wölbung der Brust freilegt. Diese Magdalena sucht – nichts. Die Augen geschlossen, ein Lächeln angedeutet scheint sie gerade von einer inneren und erfüllenden Vision ergriffen. Ihre verschränkten Hände zitieren wenn überhaupt ein Gebet; sie umfängt ihre Knie, um sie näher an ihren Körper zu ziehen, und vollendet mit diesem Hauch einer Geste das Gleichgewicht des inneren Friedens. Die leichte Errötung ihres Antlitzes zeugt von keinerlei Scham, eher von einer soeben erlebten Ekstase.

Eine schöne, weil auf diskrete Weise vielsagende Wendung im Deutschen lautet: schwach werden für jemanden oder für etwas. Wir verbinden damit mitnichten Unangenehmes, das Abgleiten in bewusstlose Ohnmacht etwa. Ein gewisser Kontrollverlust klingt darin durchaus an, aber mit einem erotischen Unterton. Dieser lässt an eine plötzlich poröse Panzerung denken, unter der – endlich! – Haut und Haar zum Vorschein kommen. Wer schwach wird, erleichtert sich von der Schwerkraft des eisern Alltäglichen und überlässt sich einer neuen Disposition. Ich habe mich nicht mehr im Griff, also bin ich.

Auf dem Haus des Seins steht in Leuchtschrift *Sorge*. Selbstbewusstsein, Selbstentfaltung, Selbsterhaltung – mit der Moderne wurde das Ich vollständig auf vernünftige, aber auch agonale Identität programmiert. Wo Entfremdung war, soll Eigentlichkeit werden.[7] Für x schwach zu werden heißt aber wenigstens Teilrückzug aus jenem Prozess der wechselseitigen Anerkennung, der zwischen Subjekten als Kampf ausgetragen wird. In jedem Liebhaber steckt denn immer auch ein kampfesmüder Deserteur. Dieser überantwortet sich lieber der Gegenwart einer absoluten Interesselosigkeit. Zum Weisen wird, wer das Hingerissensein als Maske der Freiheit durchschaut.

Im abendländischen Kulturkreis werden gerne drei Friedenszustände unterschieden, die unter ihren ursprünglich griechischen Namen bekannt sind: die in der aristotelischen Ethik näher bestimmte *Philia*, der bereits erwähnte platonische *Eros* sowie die für das Christentum zentrale *Agape*.[8] Letztere scheint die Idee wechselseitiger Anerkennung von Grund auf zu widerlegen, indem sie als radikale Großherzigkeit auftritt, der jede Erwartung auf Gegenleistungen abgeht. Sie transzendiert das uralte Geschäft von Gabe und Gegengabe. Geben

---

7 Vgl. Peter Sloterdijk, Philosophische Temperamente. Von Platon bis Foucault. München 2009, S. 74.

8 Vgl. hierzu und zum Folgenden Paul Ricœur, Wege der Anerkennung. Erkennen, Wiedererkennen, Anerkanntsein. Frankfurt am Main 2006, S. 274–281.

bedeutet ihr keine Investition, die sich früher oder später für den scheinbar großzügigen Spender auszahlen soll, sondern im Gegenteil die pure, sorglose und selbstvergessene Verschwendung. Damit wäre sie auch als Verlustgeschäft falsch verstanden, geht diesem doch immerhin eine Gewinnerwartung voraus, die sich dann nur nicht eingelöst hat. »Die Agape hingegen macht das Sichbeziehen auf Äquivalenzen sinnlos, weil sie weder Vergleich noch Kalkül kennt.«[9]

Mit dem Kalkül verschwindet auch die das Bewusstsein und Handeln leitende Sorge. Damit unterscheidet sich die Agape von der Philia, die vielleicht mit Wohlwollen noch treffender übersetzt wäre denn mit Freundschaft. Aristoteles denkt sie als eine der Gerechtigkeit ähnliche Gestalt und damit auch immer im Geiste der Reziprozität. Der Mensch der Agape hingegen scheint für die Welt des Kalküls so verloren wie Dostojewskijs quasiheilige Romanfigur Fürst Myschkin, den er als »Idiot« verewigt hat. Allen gesellschaftlichen Regeln entrückt, handelt er in diversen Auseinandersetzungen und Streitsituationen einzig und allein im Sinne der Agape. Und so steht sein Tun auch nicht im Dienst der Gerechtigkeit, vielmehr verkörpert der vermeintliche Idiot Myschkin geradezu exzentrisch eine liebende Naivität, die alle Zeugen seiner Präsenz verwundert zurücklässt. »Die Liebe bleibt auf

9 Ricœur, op. cit. S. 276.

Fragen ohne Antwort, weil ihr Rechtfertigung so fremd ist wie Aufmerksamkeit für sich selbst.«[10]

Zwischen Agape und Eros scheint die Grenze klar gezogen. Überschwengliche Güte gegen Heißhunger auf das Absolute, Caritas gegen Dialektik, Paulus gegen Platon. Ob dieser Kontrast unter einer Lupe noch Bestand hätte, sei hier dahingestellt. Immerhin stellen sich einige grundsätzliche Fragen: Kennt die christliche Agape nicht auch eine heimliche Erwartung auf Ausgleich? Untersteht sie nicht einer Hoffnung auf Entschädigung, wenn auch erst vor dem jüngsten Gericht? »Der Mensch des Reiches Gottes lebt ganz aus der Liebe, in der er sich selbst vergisst.«[11] Prägnanter lässt sich die Maßlosigkeit Jesu kaum beschreiben. Aber erwidern zumindest bayerische Bettler ein Almosen nicht mit »Vergelt's Gott«, auf dass der hienieden Großherzige ein eschatologisches Happy End erlebe? Und sodann: Lässt sich die Hingabe als völlig unbewegte Bewegung verstehen? Oder wirkt ein überdrüssiges Unbehagen am ewigen Kampf um Anerkennung auslösend mit? Dann wären Eros und Agape als komplementäre Energien zu denken.

Seneca war nicht nur Zeitgenosse von Paulus, dem Missionar des Urchristentums, er hat auch eine Theorie der Gabe ausgearbeitet, die allerdings

---

10 Ricœur, op. cit. S. 277.

11 Jörg Lauster, Die Verzauberung der Welt. Eine Kulturgeschichte des Christentums. 5. Auflage, München 2017, S. 29.

theologisch um einiges prämissenärmer ist. Seine Schrift »De beneficiis« zu lesen heißt, das literarische Selfie eines römischen Patriziers zu studieren. Ein Kernsatz von hocheleganter Kürze lautet: »Ego illut dedi, ut darem« (»Ich habe das gegeben, um zu geben«).[12]

Ego – durch die Hervorhebung des Ich-Subjekts scheint Seneca hier den unmittelbaren Zusammenhang von unkalkulierter Gabe und Würde des Schenkenden betonen zu wollen. Das Weg-Geben gerät zur Affirmation des Selbstbewusstseins. Die Verschwendung überwindet jede Rauschhaftigkeit und wird reflexiv. Man schuldet sich gleichsam selbst den Akt der Verausgabung. Jede Ausrichtung auf eine Gegenleistung müsste ein stolzes Subjekt beleidigen.[13]

---

12 Seneca, De beneficiis Buch 1, II, 3. An gleicher Stelle heißt es sinnentsprechend: *Turpis feneratio est beneficium expensum ferre.* (*Schäbiger Wucher ist es, eine Wohltat als Ausgabe zu buchen.*)

13 Eine ähnliche Gedankenfigur zeichnet das angelsächsische Ideal des Gentlemans aus. Dessen verschwenderische Haltung besteht in der bedingungslosen Höflichkeit, die aus dem Betriebssystem des Hofes ausgebrochen nun alle zwischenmenschlichen Begegnungen begleitet. Der Gentleman versteht Höflichkeit als radikale Antihaltung zur rabulistischen Kante, die den Alltag zumeist dominiert. Er ist es sich und nur sich schuldig, sich mit dem Verhalten des Mainstreams nicht gemein zu machen. Man könnte diese konsequente Selbstverpflichtung zur geschmeidigen Freundlichkeit durchaus als Erbe des Stoizismus und damit des Alltagsheroismus begreifen. Vgl. hierzu Martin Scherer, Der Gentleman. Plädoyer für eine Lebenskunst. 5. Auflage, München 2011. S. 9 ff.

Die stoische Gabe eines Seneca ist so wenig von Emotion und Leidenschaft durchstimmt wie seine gesamte Philosophie, weshalb es auch nicht verwundern kann, wie teilnahmslos Schenkende hier vorgehen. Konvention statt innerer Mission – das römische Geben gehört zum guten Ton und erinnert dabei an die Selbstinszenierung der Nobilität, wie sie heutzutage mitunter bei Charity-Veranstaltungen zu beobachten und zu bestaunen ist. Der dabei gerne präsentierte überdimensionale Scheck dürfte auch das Ausmaß des Geberstolzes symbolisieren. Der Begriff Generosität verweist ursprünglich auf die Herkunft aus einem edlen, prosperierenden Geschlecht. Die feudale Note zeigt, wenn auch oft im Verborgenen, ein hierarchisches Gefälle an. Hier wirkt das Geben beinahe hintersinnig und eröffnet regelrecht einen Reigen von Tausch, Manipulation, Verpflichtung, Abhängigkeit oder sogar Schuld. In dieser Art der Gabe entfaltet und inszeniert sich das Ich, in der Hingabe aber verschwindet es geradezu. Das eigentlich unpersönliche Geschäft der Nächstenliebe fordert keine zärtlichen Gefühle. Liebe als Caritas bleibt immer reserviert. Die Bedürftigen und darob Beschenkten dürften freilich darüber hinwegkommen.

Ein klassisches Beispiel für die eigennützige Gabe stellt der Potlatsch dar, jenes Schenkfest der Urbevölkerung von der amerikanischen Nordwestküste. Rivalen wurden dabei mit Geschenken überhäuft, um sie mittels der Verausgabung zu demütigen und dem Schenkenden gefügig zu machen. Dieses System mag auf den ersten Blick gar nicht als ein solches erscheinen, basiert es doch auf der einfachen und offenbar nur der Vergeudung gehorchenden Spielregel Gabe ohne direkte Gegengabe. Der Verlust von Eigentum aber spekuliert seinerseits auf die Ausweitung von Macht. Der Potlatsch simuliert Verschwendung, um doch eigentlich zu übertrumpfen, Prestige zu sichern und reziproke Verpflichtungen systematisch auszuweiten.

Die »buchhalterische Vernunft« (Bataille) muss die echte Verschwendung zwangsläufig verachten. In der Welt von Ratio und Zweck hat das Vermeiden von Verlusten den Rang eines Prinzips. Der ökonomische Imperativ verlangt nach produktiver Verausgabung aller Überschüsse. Wer dem Sinn der Verschwendung auf die Spur kommen will, kann schon bei der Etymologie fündig werden. Das Wort wurzelt im Althochdeutschen, wo *firswenden* oder *firswenten* so viel wie verschwinden machen bedeutet. Ressourcen werden entweder übermäßig verbraucht oder ineffizient genutzt; die Kasse stimmt nicht mehr. Aufbrauchen und Verzehren verhalten sich konträr zur Akkumulation, dem Vermehren von Besitz.

Anti-Ökonomie zu praktizieren anstatt sie nur zu denken hieße, den Begriff der Souveränität neu zu bestimmen. Mit der Reduktion auf Effizienz in der gesellschaftlichen Arbeit verdinglicht sich das Subjekt schließlich selbst. »Die Lust, ob es sich nun um

Kunst, zugelassene Ausschweifung oder Spiel handelt, wird in den geläufigen Vorstellungen als bloßes Zugeständnis betrachtet, das heißt als Entspannung, die unterstützend hinzutritt. Der kostbarste Teil des Lebens gilt lediglich als Vorbedingung – manchmal sogar als bedauerliche Vorbedingung – der produktiven gesellschaftlichen Aktivität.«[14]

Souverän aber ist, wer sich seiner Leidenschaft hingeben kann. Die unproduktive Form der Verausgabung schwächt einen Menschen nicht, sondern entfesselt jene Energien, auf deren Zermürbung jede Konvention aufbaut. Der Furor der Ratio überschlägt sich angesichts der Unberechenbarkeit ihres Gegners. So hat Kant etwa im Namen einer konsequenten Vernunftgesetzgebung des Lebens nicht gezögert, die Sphäre des Hingerissenseins per se zu pathologisieren: »Leidenschaften sind Krebsschäden für die reine praktische Vernunft und mehrenteile unheilbar.«[15] Und wohl ahnend, dass alle Lust Ewigkeit will, fährt er fort im transzendentalen Donnerschlag: »Der Affekt tut einen augenblicklichen Abbruch an der Freiheit und der Herrschaft über sich selbst. Die Leidenschaft gibt sie auf und findet ihre Lust und Befriedigung am Sklavensinn.«[16]

---

14 Georges Bataille, Der Fluch der Ökonomie. Berlin 2020, S. 21.

15 Immanuel Kant, Anthropologie in pragmatischer Hinsicht. Hamburg 2000, S. 188.

16 Kant, op. cit. S. 189.

Kant versus die verschwenderische Leidenschaft, dieser Gegensatz beschäftigte einst auch einen jungen Studenten, wovon dessen hinterlassene Briefe sehr beredt Zeugnis ablegen. Darin finden sich Bemerkungen, die den kategorischen Imperativ mit Seelenhärte und Preußentum engführen. Am 12. Januar 1943 schrieb stud. med. Hans Scholl an seinen Freund Otl Aicher:

»Von dem Kreis, welchen ich hier zusammengebracht habe, wirst Du schon gehört haben. Du würdest Deine Freude an diesen Gesichtern haben, wenn Du sie sehen könntest. Alle Kraft, die man dort verschwendet, fließt unvermindert wieder zurück ins eigene Herz. Nur ein Schwächling verschwendet sich nicht.«[17] Einundvierzig Tage später sollte Hans Scholl auf dem Schafott sterben.

Die Leidenschaft – ein Sklavensinn? Aus der Verschwendung, von der Hans Scholl spricht, erwächst vielmehr ein Triumph über das Profane und Wertlose, über das scheinbar Allmächtige in Form eines totalen Regimes. Die ultimative Hingabe des Widerstandskämpfers oder des Märtyrers bildet den tragischen Gipfel der Freiheit, die sich aufs Spiel setzt oder sogar opfert. Die eigene Existenz der Gefahr der Auslöschung auszusetzen, ist kaum ein Vorbild für das gute Leben, sondern vielmehr eine Ima-

---

17 Hans Scholl/Sophie Scholl, Briefe und Aufzeichnungen. 9. Auflage, Frankfurt am Main 2005, S. 142. Zu Kant vgl. op. cit. S. 97.

gination dessen, was dieses dereinst ermöglichen könnte. »Das Märtyrertum zeugt von der Notwendigkeit, die Bedingungen zu ändern, die es unerlässlich machen.«[18] Dieses Selbstopfer erscheint deshalb so entsetzlich, weil es unnötig sein sollte.

Wahre Hingabe bedeutet weder ökonomischen noch symbolischen Austausch; sie strebt nicht nach Vorteil und giert nicht nach Anerkennung. Das sollte reichen, um von allen Pragmatikern als zu riskante Leidenschaft abgetan zu werden. Aber bereits Platon hielt der aufgeklärten Selbstmächtigkeit seiner Zeit entgegen, dass die größten Güter dem Menschen durch Wahnsinn zuteilwerden. Er dachte dabei mitnichten an irgendwelche Krankheiten, sondern an eine göttliche Aufhebung der gewohnten Ordnung und Maßgabe der Dinge.[19] Als göttlich erscheint ihm die *Mania* selbst, insofern sie ein Ich so fesselt und überwältigt, dass es seinen Distanzhaltungen entrissen und zu den unwahrscheinlichsten Emphasen hingerissen wird.

---

18 Terry Eagleton, Opfer. Selbsthingabe und Befreiung. Wien 2020, S. 85.

19 Vgl. Platon, Phaidros 244a und 265a. Eine glänzende Analyse zu Platons Formulierung *göttlicher Wahn* findet sich bei Gerhard Krüger, Einsicht und Leidenschaft. Das Wesen des platonischen Denkens. 6. Auflage, Frankfurt am Main 1992, S. 12 ff.

Entblößung

Die Hingabe fordert nicht. Sie birgt keine Moral, verlangt von niemand Gefolgschaft. Als verschwenderische Kraft gehen alle ihre Eskapaden gleichsam auf eigene Rechnung. Sie hat die Brücke zur Norm einstürzen lassen; weder lässt sie sich durch Konventionen bestimmen noch will sie irgendeinen neuen Weltblick zur Nachahmung empfehlen. Hingabe kennt nur Leidenschaft in Verbindung mit Gleichgültigkeit. Ihr entspringen Extremisten mit doppeltem Gesicht: opulent in ihrer Passion, aber unbeteiligt gegenüber allem Zweitrangigen, sprich der herkömmlichen Ordnung.

Es sind die mächtigsten Dichotomien, die in der Hingabe verwässern. Aktiv und passiv, außer sich und bei sich, selbstbestimmt und abhängig, bewusst und ohnmächtig, freiwillig und zwanghaft, Rausch und Klarheit, Blöße und Würde, Terra incognita und Heimat, all diese Gegensätze und Widersprüche drängen keiner Aufhebung, Vermittlung oder Versöhnung entgegen.

Gewiss, auch die sakrale Verehrung kann als Erschaffung einer eigenen Sinnprovinz verstanden werden, innerhalb derer die Wahrnehmung einer grundsätzlich anderen Logik folgt als in den alltäglichen Regelkreisen. Beide Sphären, Hingabe wie Verehrung, kennzeichnet zwar die Erfahrung des »ganz Anderen« (Bataille) – doch jeweils ganz anders.

Das Sakrale lässt sich rahmen als gemeinschaftliches Erlebnis, das sich ebenso auf Normen aufbaut wie auf einer Gruppengefolgschaft, die sich zu einer kollektiven Identität verdichten kann. Sakralität gründet auf geteilten Gefühlen und Sinnperspektiven. Sie stiftet Rückhalt in einer Gemeinschaft, während sich der Mensch hingebend als rückhaltlos erweist; entsprechend braucht die Hingabe weder Kult noch Ritus, um wirkmächtig eine Existenz zu bestimmen. Oder um sie zu verschlingen.

Von kultursoziologischer Warte betrachtet, »eröffnet der Verehrte einen uneinholbaren symbolischen Horizont der Verheißung, dem sich das Subjekt sucht, asymptotisch anzunähern, und von dem es qua seiner Unzulänglichkeit und Unverfügbarkeit im selben Zuge abgedrängt wird«.[1] Sakrale Verehrung gilt also immer einer letzthin unerkennbaren, transzendenten Größe. Hingabe indes kann auch und gerade dem Sinnlichen und Endlichen gelten, wiewohl dessen Bedeutung einem Liebenden durchaus heilig sein kann. Sodann vollzieht sich sakrales Handeln inmitten einer Gemeinschaft und kennt deshalb den Vergleich bei der symbolischen Unterwerfung und Adoration. Wenn zwei Gott anrufen, so ruft einer lauter. Ganz anders die Hingabe

1 Veronika Zink, Von der Verehrung. Eine kultursoziologische Untersuchung. Frankfurt/New York 2014, S. 213.

als Solipsismus der Verausgabung: Sie weitet den Raum, dehnt die Zeit, dabei kümmert sich die ungehemmte Übertreibung, der Überfluss der Gaben scheinbar nur um sich.

Es gibt offenbar so etwas wie eine noble Hemmungslosigkeit, zu deren Eigenart ein rauschartiges Sich-Öffnen gehört. Was sie von manischer Selbstbekundung oder von einem weichgespülten Interesse unterscheidet? Alles. Jeder Hingabe geht ein Aufgegebenhaben voraus. Verführung bewirkt, dass Ich und Über-Ich zur Ader gelassen, zerstreut werden. Ihre Macht verrinnt in der Erfahrung eines magischen Reizes, Hingabe wird immer schonungslos mit dem Über-Ich, aber auch mit dem Ich umgehen. Das *Es* dagegen erstarkt zum Souverän. So wird alles zum Vorgeschmack der Erfüllung. Ein hingebungsvoller Mensch geht sich in gewisser Weise voraus. Hingabe beginnt nicht bei oder in einem selbst, in der Provinz des Eigenen, sondern anderswo, in der Fremde. So heißt es sinnverwandt bei André Breton: »Ich möchte, dass von meinem Leben kein Laut bleibt als nur das Lied eines Spähers, der sich die Erwartung durch Singen verkürzt.«[2]

Besagter Vorgeschmack gewinnt an Intensität, indem er einstige Fülle memoriert. Hingabe lässt die mehr oder minder fernen Anfänge der eigenen Biographie wieder zum Vorschein kommen, jene Zeit, die weder Taktung noch Pflichten kannte.

---

2 André Breton, L'Amour fou. Frankfurt am Main 1975, S. 31.

Ihr ursprüngliches Wirken heißt spielerische Entdeckung der Welt, und dieses Entdecken kann sich, in seiner reinsten Form, bloß in Erinnerung der Kindheit vollziehen. Ein spielendes Kind kennt nur die Gegenwart. Und diesem Zeitmaß, einem berauschten Jetzt, gehorcht auch später jeder Akt der Hingabe. In einer melancholischen Tagebuchnotiz bemerkt Cesare Pavese zur Mesalliance von Hingabefähigkeit und vermeintlicher Reife:

»So endet die Jugend: wen man sieht, dass keiner sie haben will, die naive Hingabe. Und es gibt zwei Arten dieses Endes: bemerken, dass die anderen sie nicht wollen, und bemerken, dass wir selbst sie nicht annehmen können. Die Schwachen altern auf die erste, die Starken auf die zweite.«[3]

So wäre die Hingabe beim Erwachsenen als zweite Naivität zu verstehen. Als Wiederholung einer Verspieltheit, die vor der Dyade Welt und Ich liegt. Hingabe hat das Momentum der inneren Unendlichkeit. Wie das echte Spiel hat auch sie ihr Ziel in sich selbst und erneuert per se immer wieder ihre je eigene Spannung. Dieser Freiraum duldet auch keinen Übertritt aus der externen Zweck- und Funktionssphäre der Gesellschaft. Zwei Beispiele mögen solche Freiräume des Spielerischen veranschaulichen: die Leidenschaft des Sammlers sowie die Chuzpe des Dilettanten.

---

3 Cesare Pavese, op. cit. S. 79.

Sammeln – ein Anachronismus erster Güte, so könnte man durchaus vermuten. Denn schließlich stammt nicht nur die Methode aus dem frühen zwanzigsten Jahrhundert, dem rührigen Typus des Sammlers bläst heutzutage auch ein eiskalter Kulturwind ins Gesicht. Jean Baudrillard zum Beispiel baut das Zerrbild eines Sammlers wie jenes des bibliomanen Sinologen Kien aus Elias Canettis »Blendung« regelrecht zu einer veritablen Pathologie aus. Von einer Regression auf die anale Stufe ist da die Rede und von einer monströsen Kastrationsangst, deren Sublimierung das eifersüchtige Horten von Gegenständen krampfhaft versuche.[4] Der Vorwurf, ein perverser Fetischist zu sein, wiegt aber noch vergleichsweise harmlos gegenüber dem jämmerlichen Abschneiden des Sammlers bei der ontologischen Stichwahl: Haben oder Sein?

Für Clément Rosset scheinen Sammler einer Art Leidenschaftsverirrung anheimgefallen zu sein. Sie interessierten sich weit weniger für die einzelnen Objekte, die sie in eine Kollektion überführen, als vielmehr für die Idee einer Komplettierung. So quält sie denn im Grunde nur der Gedanke, dass etwas fehlen könnte, »dass die Gegenstände nicht vollständig zum Appell treten könnten«.[5] So er-

---

4 Vgl. Jean Baudrillard, Das System der Dinge. Über unser Verhältnis zu den alltäglichen Gegenständen. Frankfurt am Main 1991, S. 112 f.

5 Clément Rosset, Regime der Leidenschaften und andere Texte. Berlin 2002, Seite 22.

greift der Passionierte scheinbar für das Irreale Partei. Er habe sich in etwas vernarrt, was de facto überhaupt nicht existiert: ein Ganzes, das irgendwann als solches vorzeigbar wäre.

Der wahre Sammler unterscheidet sich jedoch wesentlich von jener vielzitierten, mit dem archaischen Jäger ständig assoziierten Vulgärform. Der Prozess mag ein und dasselbe formale Gesetz haben. Immer kommt Gleiches zu Gleichem, die Ikone zur Ikone, der Schlumpf zum Schlumpf. Beide mögen auch handwerklich und technisch Vergleichbares verrichten, die Haltung freilich macht den Unterschied. Diese ist meist eine ökonomisch orientierte. Die Sammlung ist dabei eine Zwischenform, deren Zweck in ihrer Auflösung liegt – ob sie nun verzehrt oder verarbeitet wird. Die bloße Akkumulation ist retardierte Vernichtung.

Die deutsche Sprache verlangt Sätze, um auseinanderzuhalten, was im Englischen so leicht funktioniert: *gathering* hier, *collecting* dort. Einzig Letzteres ist das Sammeln in Reinkultur, der Ausstieg aus der ordinären Zweckrationalität, die Verbeugung vor dem Objekt. Der wahre Sammler empfindet ein tiefes Ungenügen bei verkürzten Alternativen: Sein und Haben verschränken sich in einer höheren Einheit, einer Art *unio mystica* im Album. Die Kollektion rettet den Gegenstand in seiner Einzigartigkeit. Im Lichte der gleichen Gattung – Giorgio Morandis berühmte Flaschenbildnisse transportieren genau diese Erfahrung – kann die Individualität glänzen, das Ding als solches seine Dignität entfalten. Walter Benjamin spricht im »Passagen-Werk« von einem Sammlerblick, »der mehr und anderes sieht als der des profanen Besitzers und den man am besten mit dem Blick des großen Physiognomikers zu vergleichen hätte«.[6] Die Ästhetik des Bewahrens ist zugleich eine Selbstinhibition des vom Warenwahn befallenen Menschen: »Man hat nur einen Sammler zu verfolgen, der die Gegenstände seiner Vitrine handhabt. Kaum hält er sie in Händen, so scheint er inspiriert durch sie, scheint wie ein Magier durch sie hindurch in ihre Ferne zu schauen.«[7]

Das Bewusstsein für die existentielle Dimension des Sammelns hat Uberto Pasolini gleich in mehrfacher Hinsicht vertieft. Sein Spielfilm »Mr. May und das Flüstern der Ewigkeit« erzählt die Geschichte eines englischen *funeral officer,* der als Angestellter der kommunalen Verwaltung Bestattungen für Menschen ohne Hinterbliebene organisiert. John May, im Auftreten ebenso unscheinbar wie sein Name, wirkt wie die Inkarnation eines rechtschaffenen Sachbearbeiters, wenngleich seiner Arbeit eine ganz besondere Dignität innewohnt. In den Wohnungen der Verstorbenen sucht er nach kleinen Wegmarken ihrer Biographie, Indizien auf ihre Wesensart und, wenn nötig, lässt er verstreute

---

6 Walter Benjamin, Das Passagen-Werk, Band I. Frankfurt am Main 1983, S. 274.

7 Benjamin, op. cit. S. 274 f.

Negative entwickeln, um ein früheres Gesicht des Toten vor sich zu haben.

Manchmal gelingt es diesem Mr. May, irgendwo entfernte Verwandte ausfindig zu machen; oft aber muss er Notiz von gekappten und der völligen Gleichgültigkeit überantworteten Familienbanden nehmen, so dass er wieder einmal allein mit dem Pfarrer am offenen Grab steht. Von heiligem Ernst ist diese letzte Ehre, doch damit nicht genug. Sein Spurensuchen und Sammeln von Erinnerungsstücken ist ein letzter Dienst an den Einsamsten. Und so bestückt er allfeierabendlich Alben mit Bildern aus dem Leben der unbekannten und vergessenen Anderen. Seine eigene Einsamkeit nimmt der Sammler eigentlich nicht wahr, und es fällt ihm auch nicht auf, dass es ein anderes Leben für ihn geben könnte. Zu groß scheint die Hingabe an einen Beruf, der aus den letzten Dingen ein Charakterbild liest und dieses um seiner selbst willen bewahrt, da es niemanden mehr angeht. Diesem Sammler haftet die Verschwendung in rührender Form an, ist er doch von der Aura nur noch spurhaft präsenter Existenzen hingerissen. So wird er dem totalen Vergessen zum allerletzten Hindernis.

Trägt der Sammler die sympathischen Züge des Kindlichen, so wirkt der Dilettant armselig, weil vielmehr vom Kindischen beherrscht. Das Urteil über ihn pendelt, wenn überhaupt, nur zwischen Geringschätzung und Verachtung. Wie sollte zur Schau gestellte Unfähigkeit auch gefallen? Im Kontext ästhetischer Erfahrung gilt die Zuschreibung dem Kleinkünstler, Kopisten oder Kitschier; im handwerklich-technischen Metier hieße der Dilettant wohl Pfuscher. Seine Betriebsformel könnte schlicht Versagen minus Scham lauten. Einigkeit besteht darin, dass der Dilettant gegen den guten Geschmack verstößt. Aber was sollte es darüber hinaus Denkwürdiges über ihn zu berichten geben?

Hinweise kommen von Franz Grillparzer, der sich nicht an die Verabredung zum Ressentiment hält. In seiner Erzählung »Der arme Spielmann« aus dem Jahre 1848 bleibt der Titelfigur Jakob, Spross eines hohen Staatsbeamten, jede Gunst seiner Mitwelt versagt. Weder schafft das introvertierte Kind irgendeinen Schulabschluss noch legt es in seiner einzigen wirklichen Neigung, der Musik, besonderes Talent an den Tag. Nach dem Tod des Vaters geschieht ihm der völlige Absturz. Jakob verliert seine bescheidene Anstellung, wird um sein Erbe betrogen, und schließlich wendet sich auch ein ihm sehr zugetanes Mädchen ab. Fortan wird er seine Jahre als Bettelmusikant in Wien zubringen, eine armselige Bleibe mit Handwerksgesellen teilen, ehe er auf tragische Weise zu Tode kommt. Der in jeder Hinsicht verspielte Auftritt des leicht siebzigjährigen Amateurmusikus auf dem Trottoir erregt sofort die ganze Aufmerksamkeit des Erzählers: »Barhäuptig und kahlköpfig stand er da, nach Art dieser Leute, den Hut als Sammelbüchse vor sich auf dem Boden, und so bearbeitete er eine alte vielzersprungene Violine, wobei er den Takt nicht nur durch Aufheben und Niedersetzen des Fußes, sondern zugleich durch übereinstimmende Bewegung des ganzen gebückten Körpers markierte. Aber all diese Bemühung, Einheit in seine Leitung zu bringen, war fruchtlos, denn was er spielte, schien eine unzusammenhängende Folge von Tönen ohne Zeitmaß und Melodie.«[8]

Den Beobachter fesselt »die dürftige und doch edle Gestalt, seine unbesiegbare Heiterkeit, so viel Kunsteifer bei so viel Unbeholfenheit«.[9] Und so kommt es zu einer näheren Begegnung mit dem Spielmann, einem ersten Gespräch auf der Straße folgt ein Besuch in seiner Bodenkammer. Dort wird der ganze Kontrast zwischen dem Außenschimmel dieser Lebensform und der Anmut einer stillen, schönen Seele deutlich. Auch die nächste Kostprobe seiner Kunst bleibt mehr als dürftig, aber die ehrliche Verzückung des alten Mannes beim Musizieren würde jede Häme ordinär erscheinen lassen. So heißt es denn: »Endlich kam ein Intervall. Es war die Quarte. Hatte der Spieler sich vorher an dem Klange des einzelnen Tones geweidet, so war nun das gleichsam wollüstige Schmecken dieses harmonischen Verhältnisses noch ungleich fühlbarer.«[10]

8 Franz Grillparzer, Der arme Spielmann. München 1997, S. 12 f.

9 Grillparzer, op.cit. S. 14.

10 Grillparzer, op.cit. S. 22.

Was verleiht einem Menschen Glanz, der doch nach allen Kriterien der Gutbürgerlichkeit vollends versagt hat? Grillparzers Antwort, eingetragen in die Wahrnehmungen und Bemerkungen seines erzählenden Alter Ego, lautete wohl: die innere Flamme. Diesem Dilettanten wird deshalb kein pastorales Mitleid zuteil, sondern einfach nur Staunen. Der Anfangsverdacht eines gescheiterten Lebens, aus dem nur noch Tristesse und Peinlichkeit wuchern, mag sich im Angesicht des Spielmanns nicht erhärten. Die Erzählung bietet stattdessen einen subtilen Versuch zur Ehrenrettung des Amateurs, auf dessen liebevolle und auch liebenswürdige Paraprofessionalität schon der Begriff hindeutet.[11]

Der Dilettant lebt synchron mit seinem einen und wahren Bedürfnis. So herrscht auch zwischen dem Spielmann und seinem Instrument ein Bündnis, das den Rest der Welt ausschließt. Im Dilettieren wirkt eine Naivität nach, deren hervorstechendes Merkmal eine Art Wirkungsvergessenheit ist. Ohne Zweifel, den Spielmann hätte zumindest etwas Applaus erfreut und vermutlich dankbar heimkeh-

---

11 Das Wort Dilettant leitet sich vom italienischen *dilettarsi* her und bedeutet sich an etwas oder jemandem erfreuen. Amateure und Dilettanten dürfen wohl als Herzblutsverwandte betrachtet werden. Dass sich die Schar der Dilettanten von unerträglich über sympathisch bis hin zu genialisch skalieren lässt, darf als selbstverständlich gelten. Wer an letztgenanntem Prädikat Zweifel hegt, möge sich nur an jene Papierfabrikanten erinnern, die den Heißluftballon erfanden, oder an einen Kaufmann, der Troja freilegte.

ren lassen, aber sein unbeholfener Aufritt scheint darauf a priori gar nicht angelegt. Eher gleicht sein Musizieren einer Übung in der Öffentlichkeit. Sie könnte sich im besten Fall mit ein paar wenigen Münzen auszahlen, aber auch der leere Hut mindert nicht die kindliche Freude. Das Spiel entehrt den Zweck. Im Dilettanten wächst kein Profiteur heran. Er bleibt, sehr zum Nachteil seiner Reputation, ein Kindskopf, der sich um seinen Ruf kaum schert. Dies wenigstens, so Grillparzers Einsicht, verdient Respekt.

Sammler und Dilettanten sind Anti-Utilitaristen. Beide imaginieren weder einen Erfolg noch ein Ende ihrer Versenkung.[12] Sie gehen nicht zuletzt auch mit ihrer eigenen Lebenszeit verschwenderisch um, reißen sich los von der Vielfalt, um dem Einen immer näher kommen zu können. Wenn man in moderner Manier unter Welt den Entfaltungsraum von Wille und Vorstellung versteht, so handelt es sich hier um Weisen individueller und selbst vollzogener Weltverengung. Das erste, was der Hingabe zum Opfer fällt, ist der Konjunktiv.

Was John May und den armen Spielmann Jakob jeweils im Innersten bestimmt, scheint begrifflich,

---

12 Hier könnte widersprechend auf den Kunstsammler verwiesen werden, der seit Jahrzehnten auf einem milliardenschweren Markt mitmischt und dies sehr wohl vorteilsorientiert. Allerdings wäre dann wohl die Differenzierung zwischen Investor und Sammler angebracht.

wenn überhaupt, sehr schwer fassbar. Die filmisch-literarische Verarbeitung ihrer Geschichten wirkt deshalb auch so evident. Eine Annäherung an diese eigentümlichen Stilisten des Lebens kann nur beschreibend oder erzählend sich vollziehen, nicht aber erklärend. Der Kunst gelingt, was dem Denken weitgehend versagt bleibt, nämlich jenem Hauch von Trance, welcher Hingerissensein immer umgibt, Gestalt zu verleihen.

Beide Figuren versagen als agonale Subjekte in der Arena namens Gesellschaft, da sie die Standardskala von Prestige und Erfolg schlichtweg ignorieren und sich daran auch nicht messen lassen können. Vielmehr gehorchen sie ihrer ganz eigenen Definition von Wertigkeit. Was sonst wäre der Keim für ihren skurrilen Charme? Ihre Leidenschaften entbehren der Resonanz und schneiden sie von jedem Erfolgserlebnis eines Ein- und Nachwirkens ab. Sie leben ohne Frage außergewöhnlich. Normalerweise umkreisen Menschen ja nicht ständig den einen Glücks- und zugleich Schmerzpunkt in ihrem Leben, sondern bewegen sich in den Bahnen von Tradition, Gewohnheit und Routine. Derart gespurt erleben wir uns freilich selten als lebendig. Im Nebel des Normalen verlangsamt sich der Schritt, ermüden allmählich alle Sinne. Eine Philosophie der Passion hätte wahrscheinlich nur diesen einen Hauptsatz: Um uns zu retten, müssen wir uns verlieren. Doch die absolute Widmung weiß auch um die Entbehrung. Mit einem berühmten Wort

Hugo von Hofmannsthals: »Wo ist dein Selbst zu finden? Immer in der tiefsten Bezauberung, die du erlitten hast.«[13]

Ob wissend oder nicht, die Abseitigen geben sich immer eine Blöße. Ihre Hingabe bedeutet gerade im Augenschein der Anderen ein doppeltes Drama: entblößende Erfahrung und Erfahrung der Entblößung. Ganz und gar durchstimmt von ihrer zwanghaften Leidenschaft vergessen sie den Mantel, der ihre Sonderlichkeit kaschieren könnte. So treffen alle spöttischen, hämischen, verächtlichen Blicke nadelgleich auf das, was man die nackte Existenz nennt.

Dieser Terminus hat zwei Ebenen, je nachdem ob man ihn von der Nacktheit oder vom Nackten ableitet. Im ersten Fall zielt er ab auf einen Zustand des Mangels und materiellen Defizits. Ein Mensch bar Hab und Gut erregt zu seiner Scham auch noch Mitleid, ist er doch im höchsten Maße verletzlich. Seine nackte Haut markiert im extre-

---

13 Hugo von Hofmannsthal, Gesammelte Werke in zehn Einzelbänden, Band 10, Reden und Aufsätze III. Frankfurt am Main 1980, S. 256. Vgl. hierzu auch die Anmerkungen von Kurt H. Wolff, Hingebung und Begriff. Neuwied/Berlin 1968, S. 91 und 95. Auch das erste fiktionale Prosawerk der Rockmusikerin Patti Smith widmet sich der Versunkenheit in eine Leidenschaft (Patti Smith, Hingabe. Köln 2019). Für sich hingebende Menschen gilt, was der Altphilologe Karl Reinhardt über die tragischen Heldinnen und Helden bei Sophokles schrieb: »Was für sie gilt, gilt nicht nach dem gewohnten Maß; was ihnen Mitte ist, ist nicht die Mitte des Geschehens um sie herum.« (Karl Reinhardt, Sophokles, 4. durchgesehene Auflage. Frankfurt am Main 1976, S. 12)

men Fall die Grenze zur Welt, um sie herum fehlt jeglicher Schutz, welchen Besitztümer, und sei es bloß das Gewand, gewähren.

Das Nackte hingegen schimmert durch eine Existenz und offenbart deren vitalen Kern. Darin mag Chaos, Widerspruch oder apollinische Klarheit herrschen – in jedem Fall aber wird das Geheimnis eines Lebensgefühls durchsichtig, was nichts anderes meint als dass es in seiner je eigenen Wahrhaftigkeit, vielleicht nur für einen Augenblick, auffällt. Sie/Er wäre aus allen Rollen und damit auch Hüllen gefallen. Um noch einmal François Jullien, den kundigen Sphärologen des Intimen, zu zitieren: »Im Nackten ... vergisst sich die Nacktheit, das Gefühl wandelt sich in Fülle, das Nackte trägt seine Präsenz bis zum Überfluss, es bietet sich der Betrachtung dar.«[14]

Die nackte Existenz in diesem Sinne manifestiert sich in der Hingabe. Ein individuelles Sein wird scheinbar ohne Brechung und vor allen so genannten Narrativen enthüllt. So kann die paradoxe Engführung von Nacktsein und Fülle zustandekommen. Blöße steht damit nicht für Entbehrung oder Scham, sondern gleichsam für eine positive, intimste Lebenszeichen setzende Präsenz, in der ein Mensch ganz zum Vorschein kommen kann. Alle oben beschriebenen oder zu Wort gekommenen Figuren

---

14 François Jullien, Vom Wesen des Nackten. München 2003, S. 15.

teilen denn auch den Mut zur völligen Selbstentblößung. Dieses Wort freilich muss im vollen Wortsinn gehört werden. Es spricht von einem Akt des Sich-Zeigens, mittels dessen wiederum ein Selbst, quasi ein Nukleus der Existenz, freigelegt wird. Jeder Akt der Hingabe bedeutet ein spektakuläres Präsenzereignis. Dieses verheißt Unverschämtheit in ihrer wohl schönsten Form. Das Nackte kommt jeder Entlarvung zuvor.

Hingabe entpuppt sich als blind für die Belange und Gesetze der zweckrationalen Welt. Sie stellt eben deshalb auch keine Alternativen vor oder dar, wie sie Literaten vom Schlage Bertolt Brechts und Jean-Paul Sartres von echter, also kritisch aufgeladener und agierender Kunst erwartet haben. Hier wird weder irgendein Angebot an die spirituell Suchenden noch an die metaphysisch Obdachlosen gemacht, auf dass sie Einlass fänden in ein Neuland, in dem die Sklaverei der Zwecke und das Primat der profanen Selbsterhaltung endlich abgeschafft sind. Hingabe stellt kein Konzept, keine Fluchtlinie, auch kein Portal in eine andere, heißersehnte weil heimatlichere Moderne dar. Für alle Sehnsüchte in diese Richtung steht ein eloquenter Trupp von Glückstechnikern bereit. Von sämtlichen Zwecken entfremdet lässt sich ein Ausnahmezustand wie die hingebende Selbstvergessenheit nicht als Wegweiser ins Freie eines anderen Bewusstseins instrumentalisieren. Sie darf vielmehr als Avantgarde der zweiten Naivität gelten. Dieses maßlose Verschenken von Gunst und Gegenwart hat offenkundig vergessen, dass es überhaupt ein solches ist. Ihm irgendeine therapeutische, aufklärerische, revolutionäre Potenz zuzuschreiben, hieße Magisches in die Sphäre von Transparenz, Sinn und Funktion zu verheben. Es gibt keine politische Mystik. Für die erlittene Bezauberung lässt sich nicht plädieren, das Sich-Bestimmenlassen taugt wohl kaum als Gegenstand eines Trainings oder Coachings. Die Hingerissenen opponieren allenfalls in einem spielerischen, jenseits aller Appelle vollzogenen Sinne gegen die Vormacht der Nüchternheit.[15] Schon das Wort Hingabe sperrt sich gegen Ausrufezeichen.

15 Passend dazu die Bemerkung von Wolff, op. cit. S. 167: »Hingebung ist auch Durchbruch: Triumph über das, Eroberung dessen, was in unserer Umgebung oder in uns selbst sie hindern will.«

Ewigkeit auf Zeit

NICHT jede Verschwendung ist Hingabe, aber jede Hingabe ist Verschwendung. Die innere Unendlichkeit, wie sie Kleinkinder beim schier ewig dauernden Spiel zu erleben scheinen, fand bereits Erwähnung. Wie aber bekundet sie sich beim erwachsenen Ich? Gleicht sie dann nicht eher einer Weltflucht, einer Abkehr von Strategie, Ordnung und falscher Gesellschaft? Einer »Reise wegwohin«, wie der Schriftsteller Uwe Johnson einst formulierte? Steckt in jeder Hingabe vielleicht nicht nur eine Eskapade aus der Normalität, sondern ein Eskapismus?

Sie wäre dann als ein Akt der Negation zu verstehen. Und an dieser Stelle scheint durchaus Skepsis angebracht. Der Hinweis auf Sammler und Dilettanten hatte auch den Sinn, eine Unterscheidung vorzubereiten, jene nämlich zwischen Weltflucht und Weltvergessenheit. Mr. May weilt unter uns. Er hat sich weder in eine Kolonie Gleichgestimmter geflüchtet noch begab er sich auf immer in die Wälder oder verwandelte sich in einen Amish. Nein, er blieb ein verbindlicher und freundlicher Zeitgenosse, während er gleichzeitig seine lebensleitende Passion, das Sammeln von Geschichten der Einsamsten, verfolgte. Seine Kuriosität hat ihn nicht vollends entrücken lassen.

Flucht würde in diesem Zusammenhang eine negative Abhängigkeit anzeigen. Man bricht willentlich mit einem Kontext, der sich als überholt oder fade erwiesen hat, um sein Heil anderswo zu finden. Von Langeweile bis Ekel können diverse emotionale Register auslösend wirken; elementar dürfte ein Überdruss an der empfundenen Banalität der Mehrheit, der Vielen, der Masse sein. Daraus erwächst ein Bedürfnis nach Distinktion und randständigem Aufenthalt, welches Friedrich Nietzsche bekanntlich als »Pathos der Distanz« bestimmt hat. Die Fähigkeit zur Hingabe wäre zugleich der Ausweis einer aristokratischen Gesinnung. In Nietzsches Werk finden sich zahlreiche Andeutungen in genau diese Richtung. Hingabe, dieser Tenor lässt sich unschwer ausmachen, sei ein Ausweis von hoher Art und habitueller Überlegenheit. Wer ihrer fähig ist, laufe niemals Gefahr, mit Zeitgenossen von gemeinerem Naturell verwechselt zu werden.

Der Ausdruck Weltflucht impliziert aber noch mehr und zwar einen Fluchtpunkt, auf den hin sich der Exodus aus der – entzauberten? – Welt orientiert. Diesen Drang zum Ausbrechen und Weglaufen muss der sich hingebende Mensch aber nicht unbedingt verspüren. Es sei nur an die oben erwähnten Geschichten erinnert. Pietro Paladini verharrt wartend und wahrnehmend auf seiner Parkbank, Monika Marons unglücklich Liebende arbeitet und funktioniert unverdrossen weiter. Die Hingabe ist beider heimliches Zeichen. Weltflucht weckt außerdem Assoziationen von Romantizismus und monologisierender Innerlichkeit. Doch damit wäre das Eigentümliche der Hingabe verfehlt. Sie zeigt Zwiesprache mit einem als magisch empfundenen Anderen an. Dieses wie auch immer beschaffene X, egal ob Person oder Aufgabe, wird als Fremdes und Urvertrautes, als Unbekanntes und zugleich Wiedererkanntes geliebt. Es wirkt daher wie eine Zentrifugale, durch die Profanes an die Peripherie einer Existenz geschleudert wird, ohne dabei völlig aus dem Gesichtskreis zu verschwinden. Wer sich hingibt, wirkt weltvergessen – wie ein Kind, das den Appell, mit dem Spielen endlich aufzuhören, nur dumpf und von weitem vernimmt.

Was unterscheidet die psychischen Prozesse, die zur Weltflucht oder aber zur Weltvergessenheit führen? Aufschluss darüber liefert ein weitgehend unbekannt gebliebener Aufsatz von Sigmund Freud: »Der Realitätsverlust bei Neurose und Psychose«, erstmals veröffentlicht im Jahre 1924. Er widmet sich darin, ausgehend von seiner Theorie des Unbewussten, zweierlei Arten der Verdrängung, denen eine Lockerung des Verhältnisses von Ich und Wirklichkeit gemeinsam ist. Freud hatte die bis dato immer homogen gedachte Einheit der Person in den Schichtenbau von Es, Ich und Über-Ich aufgespalten. In diesem Text nun deutet er Neurose wie Psychose als Ausdruck einer Rebellion des Es – also des Bereiches der Triebe, Träume und Vital-Energien – gegen die Außenwelt; es geht bei diesen Verhaltensauffälligkeiten ganz einfach um Formen der Unlust, sich den Verhältnissen anzupassen. Dabei aber wird ein wesentlicher Unterschied bemerkbar. So konstatiert Freud: »Die Neurose verleugnet die Realität nicht, sie will nur nichts von ihr wissen; die Psychose verleugnet sie und sucht sie zu ersetzen.«[1]

Im psychoanalytischen Sinne bedeutet Normalität beziehungsweise Gesundheit ein Verhalten, welches bestimmte Züge beider Reaktionen vereinigt, also Realitäten nicht verleugnet, sich aber zugleich um ihre Abänderung bemüht und so die Wirklichkeit aktiv gestaltet. Der Psychotiker unterläuft nun diese Norm, indem er die an ihn gerichteten Erwartungen nicht nur nicht erfüllt, sondern ein gesamtes Deutungssystem sprengt. Anders gesagt: Die reale Welt verliert mit ihm einen Zeugen, hat er sich doch auf Ausfahrt in eine exotischere begeben. Im Weltverhältnis des Neurotikers hingegen herrscht eine Art Kunst der Wirklichkeitsvermeidung vor. Er öffnet sich dem Außergewöhnlichen und lässt sich von dem Reiz einer ihn hinreißenden Sphäre nur allzu gerne bestimmen. Freud selbst schlägt an dieser Stelle den Bogen von der Neurose des Erwachsenen zum kindlichen Spielverhalten: »Aber die neue, phantastische Außenwelt der Psychose will sich an die Stelle der äußeren Realität

1 Sigmund Freud, Der Realitätsverlust bei Neurose und Psychose. In: Werkausgabe in zwei Bänden, Band 1. Frankfurt am Main 2006, S. 476.

setzen, die der Neurose hingegen lehnt sich wie das Kinderspiel gern an ein Stück der Realität an – ein anderes als das, wogegen sie sich wehren musste –, verleiht ihm eine besondere Bedeutung und einen geheimen Sinn, den wir nicht immer ganz zutreffend einen symbolischen heißen.«[2]

Geheimer Sinn, Parzellierung der Wirklichkeit, Sphären von ganz unterschiedlicher Bedeutsamkeit, es scheint, als ob Freud en passant auch den Mysterien der Hingabe auf der Spur gewesen wäre. So spricht er etwa im Zusammenhang mit der Neurose von einer »Phantasiewelt« und meint damit ein Gebiet, welches von den Anforderungen des gewohnten und gewöhnlichen Lebens freigehalten wird und – es folgt eine seiner unnachahmlichen Wendungen – dem Ich »nur lose anhängt«.[3] Was wäre Weltvergessenheit anderes? Mag sie auch eher ein abweichendes denn ein pathologisches Verhalten anzeigen, so teilt die Hingabe gewisse Wesensmerkmale mit der neurotischen Phantasie. Als Spiel mit der Wirklichkeit ist sie immer beides zugleich: Imagination und Verhalten.

Freud erklärt damit indirekt auch, warum die Hingabe nicht als elitärer Gestus, dem es primär um ein Zeichen der Distinktion geht, verstanden werden kann. Sie erweist sich dafür als komplett

---

2 Freud, op.cit. S. 478.
3 Freud, loc.cit.

untauglich, weil einfach zu verspielt, zu tagträumerisch, zu sehr am Es und zu wenig am Ich ausgerichtet. Alles denkbar schlechte Voraussetzungen für eine demonstrative Aufwertung des Egos.

Äußerlich mutet die Hingabe also immer etwas somnambul und weltfremd an. Aber wie ist sie im Inneren beschaffen? Wie wird sie erlebt von der Person, die sich ihr aussetzt oder, besser gesagt, in sie hineinkippt? Diese Fragen führen sogleich in eine Aporie. Denn natürlich gestalten sich alle inneren Erfahrungen in höchstem Maße individuell und gerade das Privatissimum der Hingabe sollte hier keine Ausnahme machen. Das Innenleben des armen Spielmanns wird ebenso ein Geheimnis bleiben wie das eines jeden Menschen, der bedingungslos liebt. Warum dann überhaupt etwas erkunden, was sich offenbar aller Erkenntnis entzieht?

Hätte diese Seite ein Wasserzeichen, es bestünde nur aus dem einen Wort: Vermutung. Womöglich wäre allen Erfahrungen von Hingabe doch ein gewisses Grundmuster und zwar in Form eines sonderbaren Zeiterlebens gemeinsam. Man könnte es als Sprung aus dem gewöhnlichen Zeitbewusstsein, das sich in die Dreiheit von Erwarten, Erfahren und Erinnern zergliedert, hinüber in eine Art Zeitrausch beschreiben. Der erfüllte Augenblick steigert sich zur Emphase einer vollkommenen Gleichzeitigkeit mit dem Ganzen, einem ewigen Jetzt. In diesem schwebenden Zustand gibt es keine Spannung mehr, weil kein Gegenrhythmus das Zeitmaß der

Hingabe relativiert. Damit löst sie den Widerspruch von Augenblick und Beständigkeit gänzlich auf.

In der religiösen Literatur ist diese Gedankenfigur mannigfach präsent, aber mit einem unglaublichen Heilsversprechen verknüpft. Bei christlichen Mystikern wie Meister Eckhart, aber auch im Sufismus wird der Augenblick als ekstatischer Moment der Gottesschau beschrieben oder besungen; er verbindet den Menschen mit seinem Ursprung und der Heimat, zu der er zurückfinden soll und wird. Das Jetzt wird zum Tor der Transzendenz. Es offenbart den ins Irdische verbannten Seelen ihr erstes Woher wie auch ihr letztes Wohin.

Aber auch einem Temperament, das streng auf der Kontingenz des Bewusstseins beharrt, mögen Augenblicke widerfahren, in denen plötzlich und unvorhersehbar ein starkes Gefühl von Erfüllung aufflammt.[4] In diesem Sinne bezeichnet das altgriechische Wort *Kairos* jenen fruchtbaren und wahrscheinlich auch erschütternden Moment, in dem die Totalität des Lebens als Drang und Leidenschaft gegenwärtig wird. Sechs Buchstaben, in denen eine ganze Mystik der Immanenz anklingt.

---

4 Nur am Rande sei an eine Formulierung von Octavio Paz erinnert, die den Wesensunterschied von Transzendenz und weltlicher Weisheit schlaglichtartig festhält: »Der Balsam, der die Wunde der Zeit heilt, heißt Religion; das Wissen, das uns dahin bringt, mit unserer Wunde zu leben, heißt Philosophie.« (Octavio Paz, Die doppelte Flamme Liebe und Erotik. Frankfurt am Main 1995, S. 171.)

Alle Zeit der Welt haben, so lautet eine gängige Redewendung. Auf die Hingabe trifft sie ganz und gar zu. Diese genießt das Privileg, nicht mehr auf die Zeit achten zu müssen, sie vielmehr hemmungslos verschwenden zu können, so wie reichen Menschen der Preis für ein begehrtes Ding herzlich egal ist. Hingabe wäre dementsprechend ein symbolischer Reichtum. Ihr größtes Gut bleibt eben die Zeit, endlose Zeit für Widmung, Gesten und Gedanken. In dem Gedicht »Wo steht unser Mandelbaum« hört Hilde Domin genau auf den Schlag des abenteuerlichen Herzens, das alle Zeit-Rechnung hinter sich lassen will. Insbesondere die Verse der zweiten Strophe sind dem Geheimnis purer Gegenwart auf der Spur:

Ich liege in deinen Armen
wie in einem Schiff,
ohne Route noch Hafen,
aber mit Delphinen am Bug.[5]

Alle Zeit der Welt heißt aber auch Erfüllung auf Erden und damit unvermeidlich Befristung. Die Hingabe spendet ein Gefühl der Zeitlosigkeit, bis nach ihrem Erlöschen alles wieder sein wird, wie es ohne sie war. Aber muss man nicht auch anerkennen, dass Hingabe einfach enden kann? Dass wir aus ihr fallen können, so wie wir in sie hineingeraten sind? Scheint es nicht sogar wahrscheinlich, dass

5 Hilde Domin, Nur eine Rose als Stütze. Gedichte. Frankfurt am Main 1994, S. 19.

die Verschwendung sich von einem Moment auf den nächsten selbst völlig aufgebraucht haben wird? Und dann: Werden wir alles mit anderen Augen sehen? Oder perlen sogar magische Erlebnisse einfach ab, ohne uns verwandelt zu haben? Darüber entscheidet wohl nur das individuelle Gesetz. Aber egal ob Rückkehr oder Rückfall in die Realität, Weitermachen wie vormals üblich oder bleibende Verstörung, der grelle Schein der Wirklichkeit wird anfänglich wohl immer blenden. Und wir blinzeln.

Im folgenden sei einem Schriftsteller und Philosophen ein kleines Memorial gesetzt, dessen Werk auch als Umkreisung der Hingabe gelesen werden kann. Auch wenn dieser Ausdruck nicht zum Grundwortschatz seiner Lehre vom Menschen gehört, so hat er doch dem damit bezeichneten Akt mit langem Atem nachgedacht. Darin erschließt sich ihm das Eigentümliche der menschlichen Freiheit, die wiederum zwei Gesichter hat. Beide tragen Züge der Hingabe. Man darf Albert Camus wohl insofern einen erotischen Existenzialisten nennen, als er in politischer Revolte und exzessiver Sinnlichkeit die ganze Spannweite endlicher Freiheit erkannte. Keine dieser Befähigungen wird der anderen vorgezogen. Der spätere Widerstandskämpfer und Interimskommunist Camus schrieb seine Diplomarbeit über Plotin und widmete dem Küstenstrich nahe Algier Texte von geradezu naturmystischer Poesie. Besonders seine deutschen Interpreten staunen oft über dieses Paradox und bekunden damit doch nur, was sich ihrem Horizont entzieht. Wer gegen das Absurde und die Ungerechtigkeit revoltiert, liebt das Lebendigste.

Zu einem profunderen Verständnis von Hingabe lassen sich bei Albert Camus drei wichtige Hinweise finden. Der erste ergibt sich aus seiner Unterscheidung zwischen Revolte und Revolution. Die Revolte beweist sich als Aufschrei gegen Unterdrückung und Erniedrigung jedweder Art. Mit ihr erhebt sich ein Subjekt, geleitet von Großmut und einer Ehre, die nichts berechnet. Ein solitärer Aufstand also im Zeichen der Solidarität. Dagegen weist die Revolution eine ganz andere Matrix auf: »Die ehrlose Revolution, die Revolution der Berechnung, die, indem sie einen abstrakten Menschen demjenigen von Fleisch und Blut vorzieht, das Sein verleugnet, sooft es nötig ist, stellt genau an die Stelle der Liebe das Ressentiment.«[6]

Von Propaganda oder religiösem Eifer narkotisierte Menschen geben sich nicht hin, auch wenn sie für eine so genannte gemeinsame Sache brennen oder sich ihr sogar opfern. In der kollektiven Rage ereignet sich keine Verschwendung im Sinne der Großherzigkeit, vielmehr unterwirft man sich einem Sinnstiftungsprogramm, mag dieses nun Prosperität, ewiges Leben oder Jungfrauen im Paradies versprechen. Der berüchtigte Zweck heiligt zumindest

---

6 Albert Camus, Der Mensch in der Revolte, 32. Auflage, Reinbek 2018, S. 397.

bei der Revolution fast alle Mittel. Impulse wie Rache oder Missgunst verstärken und beschleunigen den Brand einer überkommenen Ordnung, aber sie bilden auch die Voraussetzung für die neuen Kerker.

Hingabe als gemeinschaftliches Projekt? Ein grandioses Missverständnis, welches den schmalen Grat zwischen dem Sich-Bestimmenlassen und dem Sich-Unterordnen übersieht. Genau aus diesem Grunde ist auch konsequent von der bewegt-bewegenden Hin*gabe* und nicht von der rein passiven Hin*gebung* die Rede. Jede totalitäre Ordnung würde sich also der Hingebung an eine Idee bedienen, um sich selbst durchzusetzen. Im Gegenzug erweist sich der Mitläufer als Domestik mit einem prekären Willen zur Macht. Der Mensch in der Revolte entpuppt sich als Liebhaber der Welt, der Revolutionär hingegen als ihr irdischer Bestrafer.

Zweitens verleiht Camus' (von ihm selbst so benanntes) »mittelmeerisches Denken« jener faszinierenden Neurose namens Hingabe eine geradezu tantrische Dimension. Camus geizt wahrlich nicht mit Pathos, wenn er beschreibt, wie der Mensch sich in die Ordnung der Natur zurückübersetzt, um sich wieder als Teil von ihr zu fühlen. Unter der Sonne seiner algerischen Heimat erlebt er in der eigenen Nacktheit eine Art kosmischer Entgrenzung. Himmel und Erde, Land und Meer scheinen sich im Medium des Lichtes zu vermählen. Die nackte Existenz des Menschen stellt inmitten dieses Geschehens keinen Fremdkörper dar, sondern erlebt sich in einer ursprünglichen, materiellen Einheit neu. Sofort fällt der Wesensunterschied dieser Erfahrung zur einfachen Kontemplation, welche den Betrachter von seinem Objekt distanziert, auf.

»Zurückgekehrt an den Strand, werfe ich mich in den Sand, gebe mich der Erde hin, fühle aufs Neue das Gewicht meines Fleisches und meiner Knochen ...«[7]

Auch dieser Existenzialismus kennt keine Hoffnung auf Gott und Erlösung, aber er kaut nicht immerfort das Schwarzbrot von Angst, Einsamkeit und Sein zum Tode. Statt dessen lässt er eine Kantilene auf Leidenschaft und spontane Güte erklingen. Dabei zelebriert er geradezu die körperliche Liebe. Bei Camus überstrahlt die erotische Verständigung zwischen zwei Menschen jede Erfahrung von Fremdheit und Isolation. So liest sich der Essayband »Hochzeit des Lichts« wie das Protokoll einer gewaltigen kosmischen Kopulation, in der die sexuelle Hingabe dem Menschen Akt für Akt das große Lebensgesetz in Erinnerung ruft: »nicht entsagen«.[8]

Mit Verachtung straft Camus indes die »öden Traktate der Naturschwärmer, hinter denen schambesetzte Protestanten des Fleisches« stünden.[9] Man ahnt, welche deutschen und nordamerikanischen

---

7 Albert Camus, Hochzeit des Lichts, 3. Auflage 2010. Hamburg/Zürich, S. 13.

8 Camus, op. cit. S. 45.

9 Camus, op. cit. S. 31.

Waldfreunde damit gemeint sein dürften. Nach zwanzig Jahrhunderten sei es vielmehr an der Zeit, die naive Unbefangenheit der Hellenen wieder zu erwecken, um als Leib unter Leibern der rauschenden Endlichkeitsfeier beizuwohnen.

»Das scheint mir der einzig gültige Sinn von ›sich entblößen‹ zu sein. Bloß und nackt zu ein, bedeutet stets eine körperliche Freiheit und erinnert an jenen Einklang zwischen Hand und Blumen, an jenes verliebte Einvernehmen zwischen der Erde und dem von seinem ›Menschtum‹ befreiten Menschen – und wie gern würde ich mich zu dieser Religion bekennen, wenn sie nicht schon die meine wäre.«[10]

Man muss Camus keineswegs auf seinem Marsch durch die Intuitionen folgen. Man darf auch zweifeln, dass der Mensch nur als Liebender zu seiner Identität finden kann und sich dabei simultan noch mit der Menschheit verbrüdert. Vielleicht gleicht auch nicht jeder Liebesakt einer Paarung mit dem Sein. Dennoch kann seine »Hochzeit des Lichts« noch immer inspirieren, ahnen wir doch, dass endliche Versöhnung sich anfühlen muss wie ein Sommertag in Tipasa.

Der dritte Hinweis führt in die Nähe einer Definition. Camus findet eine geradezu epigrammartige Formel für das Prinzip Hingabe. Sie könnte kürzer und prägnanter kaum sein und doch enthält sie alles bisher Gesagte und Zusammengetragene in nuce:

---

10 Camus, op. cit. S. 57.

»Denn nicht geliebt zu werden ist nur misslicher Zufall, nicht zu lieben jedoch ist Unglück.«[11]

Hingabe verlangt nicht nach Gegenliebe; ihr Einsatz spekuliert auf keinen Ertrag. Jede Leidenschaft verteidigt die Verschwendung, oft sogar das gänzlich Nutzlose. So ist es also nicht die Ausdrucksform einer Hingabe, welche zählt, sondern vielmehr die Tatsache, dass sie den Zaun der Eitelkeit übersteigt. Das und nur das wäre ihr primäres Erkennungszeichen. Ein mystischer Anklang bleibt unüberhörbar bei Camus: Nicht wir verfügen über die Hingabe, sie nimmt von uns Besitz. Dieser Überfall kann der irdischen Existenz derart Trost stiften, dass ihr sogar – wie Camus buchtitelte – das größte Paradox, nämlich ein »glücklicher Tod« stimmig erscheint.

Der Mensch in der echten Hingabe bricht mit allen Regeln des Profitmachens, aber auch mit der gegenwärtig grassierenden Betulichkeit in Sachen Selbstmitgefühl. In der neuen therapeutisch-spirituellen Autobiographie wie auch in der sie begleitenden Beratungsbranche sind Erfolg und Gewinn offiziell Unworte. Man gibt sich lieber weicher und verletzlicher. Das Ich scheint nie ganz fertig mit sich, sondern bleibt unterwegs zu seiner vermuteten Fülle. Schwächen, Ungereimtheiten, aber auch Erfahrungen des Scheiterns galten freilich

---

11 Camus, op.cit. S. 145; vgl. hierzu auch die sinngleiche Wendung in seinem Diarium: »Das größte Unglück besteht nicht darin, nicht geliebt zu werden, sondern nicht zu lieben.« (Albert Camus, Tagebuch. März 1951–Dezember 1959. Reinbek 1997, S. 56).

schon früher als konstitutiv für die eigene Identität – Augustinus hätte anders wohl kaum »Confessiones« hinterlassen. Der heutige Jargon der Offenheit übt sich allerdings weniger im Bekenntnis denn in einer Freimütigkeit der Selbsterzählung, die – weil ubiquitär – einen neuen guten Ton, sprich eine Konvention erzeugt. Diese nivelliert schon seit einiger Zeit sämtliche Grenzen von privater und öffentlicher Redensart, was den Soziologen Richard Sennett zum Befund einer »Tyrannei der Intimität« veranlasst hat. Um nicht missverstanden zu werden: Posen der Stärke und Dominanz, auch und gerade verbale, stellen kein Desiderat dar. Drollig wirkt das Largo der Befindlichkeit nur, wenn es seine inhärente Selbstbezüglichkeit kaum mehr kaschieren kann, auch nicht unter Zuhilfenahme von buddhistischen Geschmacksverstärkern wie Achtsamkeit und Meditation.

Eine gute Tausendschaft zertifizierter Achtsamkeitscoaches schult allein in Deutschland ihre Mitmenschen in Besinnung und Resilienz. Die Sophistik hinter diesem Geschäft, für gerne so genannte Botschaften des Herzens ungeniert die Hand aufzuhalten, sei sogleich verziehen. Warum sollte man einer beratungssüchtigen Kundschaft Etüden des Innehaltens auch verweigern? In diesem Zusammenhang bedeutsamer scheint die Notiz, dass Jon Kabat-Zinns Jüngerinnen und Jünger genau vermitteln, was Hingabe nicht ist. Ihre Lehre zielt ab auf ein beruhigtes, kontemplatives Bewusstsein, das sich wenig bis gar nicht mehr involvieren soll. Anders seien die Stresslasten der modernen Lebens- und vor allem Arbeitswelt nicht zu bewältigen. Schutz vor den Auswirkungen allgemeiner Beschleunigung und individueller Entscheidungsfolter möge eine Art emotionaler Umprogrammierung des Ich bieten. Mehr Gefühl und weniger Gedanke, das klingt sogleich nach Leidenschaft und Lust am Risiko. Aber weit gefehlt: Das eigentlich Entscheidende am Achtsamkeits-Subjekt ist, dass es trotz seiner ostentativen Aufgeschlossenheit des Hinhörens und Mitfühlens eben doch nur sich selbst gehören will. Lebendig-Sein, so lautet das Axiom, heiße *sich* möglichst intensiv spüren. Spötter könnten auch von einer transzendentalen Masturbation sprechen. Welches Wohlbehagen Achtsamkeit erzeugen kann, haben Unternehmen weltweit längst erkannt. Sie lassen ihren Beschäftigten gerne Lebendigkeitsübungen in diesem Sinne zuteil werden. Für das System bergen sie keinerlei Gefahr. Das Ich bleibt brav und verstrickt in die Sorge um sein Ich.

Achtsamkeit will als Technik der freundlichen Selbstbehauptung nach innen wie nach außen wirken. Dazu bedient sie sich einer Rhetorik der Wertschätzung, welche wiederum mit dem Sprachspiel der politischen Korrektheit vortrefflich harmoniert. Zwischen diesem Konzept und der verschwenderischen Hingabe zieht sich der breite Fluss des Vergessens. In ihm verschwindet mit der Selbstkontrolle auch jeder Wunsch nach Wachstum, gleich ob materieller oder psychohygienischer Art. Franz Grillparzer, der Verfasser des »Armen Spielmanns« wollte ganz offenbar diesen Strom passieren, als er einmal einem Vertrauten gegenüber stoßseufzte: »Wollte Gott, mein Wesen wäre fähig dieses rücksichtslosen Hingebens, dieses Selbstvergessens, dieses Anschließens, dieses Untergehens in einem geliebten Gegenstand!«[12]

Eine Fähigkeit solcher Art verweigert sich der Einübung. Deshalb wird hier auch das Absolute als Chiffre für die Berührung und Erregung durch eine ferne Kraft angerufen. Vielleicht dachte Grillparzer dabei ganz unkatholisch an Dionysos, den griechischen Gott der Epiphanien. Er träfe damit jedenfalls etwas Wahres. Wenn eine schöpferische Arbeit oder ein Bewahrenwollen, wenn eine Liebe oder Fürsorge übermächtig wird und sich in pure Hingabe verwandelt, dann darf wohl von einem dionysischen Moment die Rede sein. Es markiert einen ungeheuren Bruch mit Gewohnheiten und bourgeoiser Manier.[13] Anders gesagt: Hingabe wird nie

---

12 Zitiert nach Stach, op. cit. S. 411.

13 Walter F. Otto vergleicht diese unberechenbare, aber erregende Wirkung dionysischer Epiphanie mit einem Sturm, der den normalen Tag umwälzt: »Der Wahnsinn, der Dionysos heißt, ist keine Erkrankung, kein Verfall des Lebens, sondern der Begleiter seiner höchsten Gesundheit, der Sturm, der aus seinem Innersten selbst hervorbricht, wenn es reift und über sich hinausdrängt.« (Walter F. Otto, Dionysos. Mythos und Kultus. Frankfurt am Main 1960, S. 130).

der Lohn sein, immer nur die Verausgabung. Für die kaufmännische Intelligenz – aber eben auch nur für diese – ein Unding. Hingabe bleibt immer das Andere der Berechnung, also das Unberechenbare.

Literaturhinweise

Badiou Alain (mit Nicolas Truong): Lob der Liebe, 2. überarbeitete Auflage. Wien 2015.

Bataille Georges: Theorie der Religion. Herausgegeben und mit einem Nachwort versehen von Gerd Bergfleth. Aus dem Französischen übersetzt von Andreas Knop. München 1997.

Bataille, Georges: Nietzsche und der Wille zur Chance. Aus dem Französischen übersetzt und mit einem Nachwort von Gerd Bergfleth. München 2005.

Bataille, Georges: Der Fluch der Ökonomie. Herausgegeben von Michel Surya und Tim Trzaskalik. Berlin 2020.

Baudrillard, Jean: Das System der Dinge. Über unser Verhältnis zu den alltäglichen Dingen. Aus dem Französischen von Joseph Garzuly. Frankfurt am Main 1991.

Beierwaltes, Werner: Fußnoten zu Plato. Frankfurt am Main 2011.

Benjamin, Walter: Das Passagen-Werk. Herausgegeben von Rolf Tiedemann. Frankfurt am Main 1983.

Breton, André: L'Amour fou. Deutsch von Friedhelm Kemp. Frankfurt am Main 1975.

Camus, Albert: Tagebuch. März 1951–Dezember 1959. Aus dem Französischen von Guido G. Meister. Reinbek 1997.

Camus, Albert: Hochzeit des Lichts. Aus dem Französischen von Peter Gan und Monique Lang. Hamburg/Zürich. 3. Auflage 2010.

Camus, Albert: Der Mensch in der Revolte. Aus dem Französischen von Justus Streller, bearbeitet von Georges Schlocker unter Mitarbeit von François Bondy, 32. Auflage. Reinbek 2018.

Dante Alighieri: Commedia. In deutscher Prosa von Kurt Flasch. 3. Auflage, Frankfurt am Main 2015.

Domin, Hilde: Nur eine Rose als Stütze. Gedichte. Frankfurt am Main 1994.

Eagleton, Terry: Opfer. Selbsthingabe und Befreiung. Aus dem Englischen von Stefan Kraft. Wien 2020.

Freud, Sigmund: Der Realitätsverlust bei Neurose und Psychose. In: Werkausgabe in zwei Bänden. Herausgegeben und mit Kommentaren versehen von Anna Freud und Ilse Grubich-Simitis, Band 1. Frankfurt am Main 2006.

Grillparzer, Franz: Der arme Spielmann. München 1997.

Han, Byung-Chul: Agonie des Eros. Mit einem Vorwort von Alain Badiou. Berlin 2017.

Hillenkamp, Sven: Das Ende der Liebe. Gefühle im Zeitalter der Freiheit. München 2012.

Hofmannsthal, Hugo von: Gesammelte Werke in zehn Einzelbänden. Herausgegeben von Bernd Schoeller und Ingeborg Beyer-Ahlert, Band 10, Reden und Aufsätze III. Frankfurt am Main 1980.

Illouz, Eva: Gefühle in Zeiten des Kapitalismus.

Aus dem Englischen von Martin Hartmann, 6. Auflage. Frankfurt am Main 2016.
Jankélévitch, Vladimir: Die Musik und das Unaussprechliche. Aus dem Französischen von Ulrich Kunzmann. Berlin 2016.
Jullien, François: Vom Wesen des Nackten. Aus dem Französischen von Gernot Kamecke. München 2003.
Jullien, François: Vom Intimen. Fern der lärmenden Liebe. Wien 2014.
Kant, Immanuel: Anthropologie in pragmatischer Hinsicht. Herausgegeben von Reinhard Brandt. Hamburg 2000.
Kluge, Alexander: Das Labyrinth der zärtlichen Kraft. 166 Liebesgeschichten. Frankfurt am Main 2009.
Krüger, Gerhard: Einsicht und Leidenschaft. Das Wesen des platonischen Denkens, 6. Auflage. Frankfurt am Main 1992.
Lauster, Jörg: Die Verzauberung der Welt. Eine Kulturgeschichte des Christentums, 5. Auflage. München 2017.
Luhmann, Niklas: Liebe als Passion. Zur Codierung von Intimität. Frankfurt am Main 1994.
Maron, Monika: Animal triste. Frankfurt am Main 1997.
Marzano, Michela: Philosophie des Körpers. Aus dem Französischen von Elisabeth Liebl. München 2013.
Otto, Walter F.: Dionysos. Mythos und Kultus. Frankfurt am Main 1960.
Pavese, Cesare: Das Handwerk des Lebens. Tage-

buch 1935–1950. Deutsch von Maja Pflug. Düsseldorf 1988.
Paz, Octavio: Die doppelte Flamme Liebe und Erotik. Aus dem Spanischen von Rudolf Wittkopf. Frankfurt am Main 1995.
Reckwitz, Andreas: Das Ende der Illusionen. Politik, Ökonomie und Kultur in der Spätmoderne. Berlin 2019.
Reinhardt, Karl: Sophokles, 4. durchgesehene Auflage. Frankfurt am Main 1976.
Ricœur, Paul: Wege der Anerkennung. Erkennen, Wiedererkennen, Anerkanntsein. Aus dem Französischen von Ulrike Bokelmann und Barbara Heber-Schärer. Frankfurt am Main 2006.
Rosset, Clément: Regime der Leidenschaften und andere Texte. Aus dem Französischen von Markus Sedlaczek. Berlin 2002.
Scherer, Martin: Der Gentleman. Plädoyer für eine Lebenskunst, 5. Auflage. München 2011.
Scholl, Hans / Scholl, Sophie: Briefe und Aufzeichnungen. Herausgegeben von Inge Jens, 9. Auflage. Frankfurt am Main 2005.
Seel, Martin: Sich bestimmen lassen. Studien zur theoretischen und praktischen Philosophie. Frankfurt am Main 2002.
Seneca: De beneficiis / Über die Wohltaten. Philosophische Schriften Band 5. Herausgegeben von Manfred Rosenbach. Darmstadt 1995.
Sloterdijk, Peter: Philosophische Temperamente. Von Platon bis Foucault. München 2009.

Smith, Patti: Hingabe. Aus dem Englischen von Brigitte Jakobeit. Köln 2019.

Stach, Reiner: Kafka. Die Jahre der Entscheidung, 4. Auflage. Frankfurt am Main 2015.

Strauß, Botho: Paare, Passanten. München 1984.

Swoboda, Gudrun/Weppelmann, Stefan (Hrsg.), Caravaggio und Bernini. Wien/Amsterdam 2019.

Teichert, Wolfgang: Großzügigsein. Vom Zauber der Verschwendung. In: Gönnen und Neiden. Psychotherapeutische und gesellschaftliche Aspekte. Herausgegeben von Brigitte Dorst, Christiane Neuen und Wolfgang Teichert. Stuttgart 2012.

Thomä, Dieter: Glück in der Liebe. Die Bereitschaft zur Hingabe. In: Glück. Ein interdisziplinäres Handbuch. Herausgegeben von Dieter Thomä, Christoph Henning und Olivia Mitscherlich-Schönherr. Stuttgart/Weimar 2011.

Trawny, Peter: Ins Wasser geschrieben. Philosophische Versuche über die Intimität. Berlin 2013.

Veronesi, Sandro: Stilles Chaos. München 2009.

Viviani, Annalisa (Hrsg.): »In tausend Formen magst du dich verstecken«. Erotische Briefe der Weltliteratur. Königstein 1984.

Waldenfels, Bernhard: Hyperphänomene. Modi hyperbolischer Erfahrung. Berlin 2012.

Wiesing, Lambert: Luxus. Berlin 2015.

Wolff, Kurt H.: Hingebung und Begriff. Neuwied/Berlin 1968.

Zink, Veronika: Von der Verehrung. Eine kultursoziologische Untersuchung. Frankfurt/New York 2014.

2021
zu Klampen Verlag
Röse 21 · D-31832 Springe
info@zuklampen.de · www.zuklampen.de

Reihenentwurf: Martin Z. Schröder, Berlin
Satz: textformart, Göttingen
Gesetzt aus Baskerville Ten
Druck: CPI – Clausen & Bosse, Leck

ISBN 978-3-86674-636-7

Bibliographische Information der
Deutschen Nationalbibliothek:
Die Deutsche Nationalbibliothek
verzeichnet diese Publikation in der
Deutschen Nationalbibliographie;
detaillierte bibliographische Daten
sind im Internet abrufbar:
http://dnb.d-nb.de